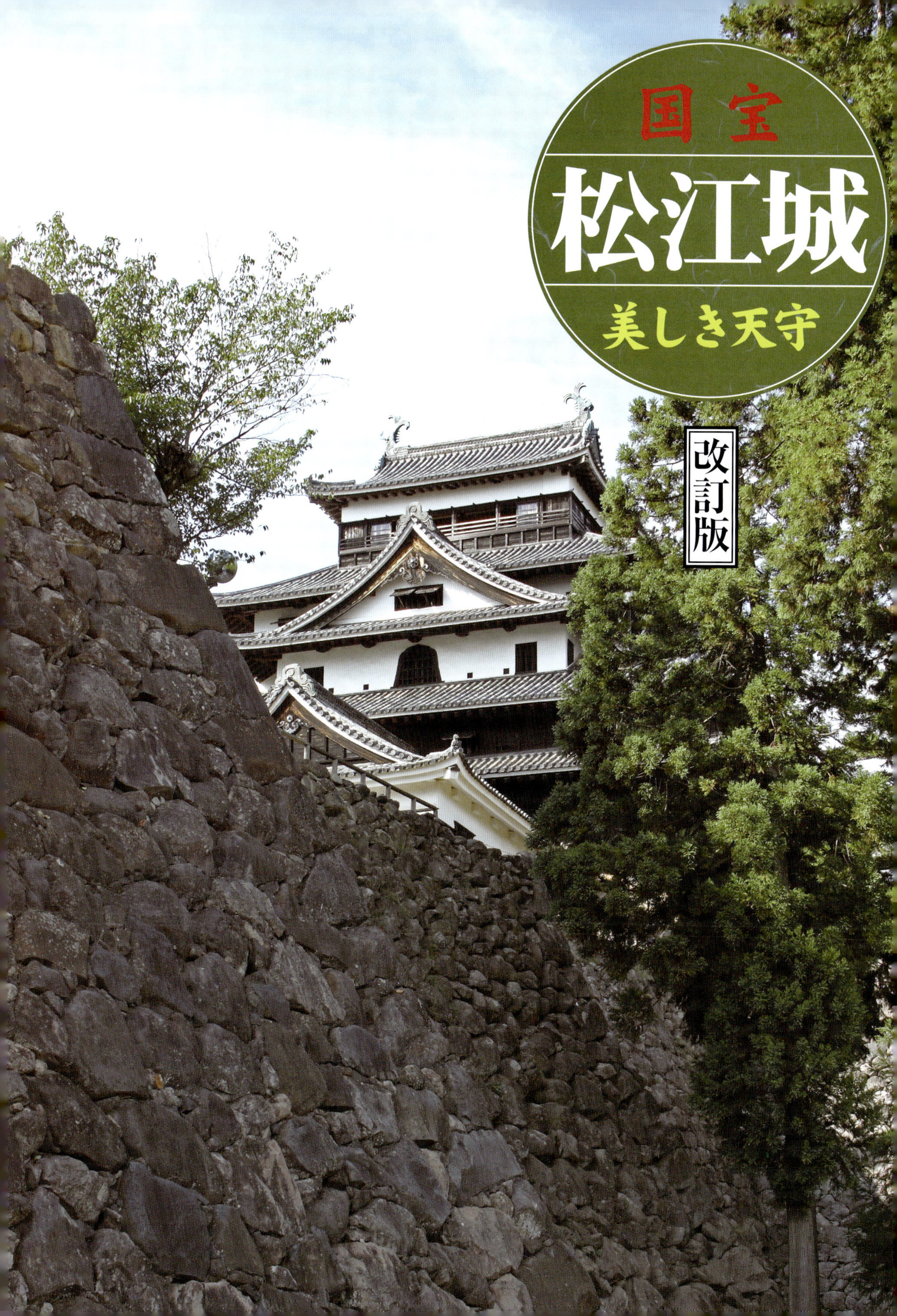
国宝
松江城
美しき天守
改訂版

国宝・松江城の魅力

松江歴史館館長　藤岡　大拙

昭和四十六年、松江を訪れた作家杉本苑子は、お城について書いています。

「みずうみに臨む城として、つい、くらべたくなる琵琶湖、東岸の彦根城。
どちらもおとらぬ、瀟洒《しょうしゃ》な、洗練された城ではあるけれども、朝陽《あさひ》、夕陽《ゆうひ》の照りかえしに、華やかに染まる彦根城の、白壁仕立ての外装とは逆に、松江城は、厚い、黒い、下見張りの雨覆板《あまおおいいた》で、びっしり、よそおわれている。地味なのだ。
いかにも寂《さ》び寂《さ》びと、枯淡なのだ。そのくせ力感は、なみなみならず内にこもって、孤独な強さに凝固している。
彦根城を、緋《ひ》おどしの鎧《よろい》をつけた若武者とすれば、これは黒革おどしの鎧に、身をつつんだ老将の風格か。」

（「松江旅情」雑誌『旅』所収）

松江城は地味で枯淡、実戦的で力量感のある城だと云っています。昭和十年、国宝保存法により、松江城が犬山城や松山城とともに国宝に指定されたときの、「形態荘重、頗ル安定ノ観ヲ呈シテヰル」という指定理由にも通じるものがあります。

海抜二九メートルの亀田山に建つ平山城《ひらやまじろ》の松江城は、街の四方から仰ぎ見ることができます。荘重で実戦的ですが、その姿は美しく、優しい眼差《まなざ》しで城下の人びとを見守っているように思われます。

この城は今までに幾度も危機をのりこえてきました。明治六年（一八七三）の廃城令によって、多くの城郭が破壊されましたが、松江城も例外ではなく、明治八年競売にかけられ、天守閣は百八十円で落札しています。しかし、出雲郡《しゅっとうごおり》の豪農勝部栄忠《しげただ》・景浜《かげはま》父子や旧藩士高城権八《たかきごんぱち》らの奔走によって買い戻され、破壊の難をまぬがれました。

だが、補修・整備はままならず、しばらく廃頽《はいたい》状態で放置されていました。明治のなかごろ、市民有志の手によって修理がなされましたが、大正二年（一九一三）松江を訪れた徳富蘆花が、天守に登ったとき、「何尺角の柱が林立する大広間の畳は剥《は》がれて、堅牢な床は追々落ち凹み、土足のままに見物の兵隊さん等が踏み轟《とどろ》かす階段は、今にも崩れ落ちそうな響《おと》をさせる。」（『死の蔭に』）という有様だったのです。整備がいかに困難だったかを物語ります。しかし、行政と城を愛する市民たちによって、細々ながら息長く整備活動が続けられ、遂に旧国宝指定に至ったのです。

戦後、昭和二十五年、文化財保護法が成立し、国宝指定の城も重要文化財に指定変更され、姫路、彦根、犬山、松本の四城だけが新国宝となり、松江城は指定されなかったのです。松江市民の悲願がここに始まりました。幾度の陳情も空しかったのです。

平成十九年から始まる松江開府四百年祭にあたり、今回が国宝昇格のラストチャンスととらえた松浦松江市長の提唱で、「松江城を国宝にする市民の会」が結成され、市民をはじめ関係地域の人びとの熱い協力によって、十二万人の署名を集めて文化庁に陳情しました。それと並行して、学術調査も進められ、包み板・通し柱などの新発見がありました。そして平成二十四年、長らく行方不明だった二枚の祈祷札が発見され、天守閣が慶長十六年正月には完成していたことが明らかとなりました。

こうして、指定への条件は満たされ、平成二十七年待望の国宝指定に至りました。思えば八十年間の市民の悲願が叶えられたのです。国宝とは、重要文化財のうち、特に学術的価値の高いもの、美術的に優秀なもの、文化史的意義の深いものを云います。国宝は重要文化財なのですが、国宝と名がつけば、お城に対する見る目も思いも断然違うのです。ですから、地元住民にとっては、いっそう強い誇りとなり、郷土愛となるのです。

観光客も当然多くなってきました。国宝というネームバリューが惹きつけるのです。いずれにせよ、国宝化ははかり知れないメリットがあります。それだけに、お城の内外を整備し、気持ちよく登閣者を迎えることが必要ですが、すでに官民によってすすめられています。まず、天守閣のなかがリニューアルされ、展示物がすっきりし、説明板も分かり易く、それに以前より明るくなりました。天守閣の前庭の植栽も整備され、すっきりしました。ボランティアによる清掃やガイドの活動も積極的になりました。今後も息長く続けてほしいものです。

城というものは権力者の巣窟のように見なされた時代もありました。しかし、今は違います。お城は地域の歴史や文化のシンボルです。お城の存在する地域の人びとの誇りと郷土愛の源泉なのです。松江城もまさしくそのような存在です。

目次

松江城の概要

（文・西尾克己）

松江市殿町にある松江城は、宍道湖を望む標高二九メートルの亀田山に築かれた平山城である。松江開府の祖と呼ばれる堀尾吉晴により築城され、近世城郭としての石垣や堀を有し、城下町と共に江戸時代初めに完成した。

最頂部の本丸には、四重五階の天守が、尾根続きの二之丸には御殿が建てられ、石垣の上には多くの櫓が配置された。また、現在島根県庁がある内堀を挟んだ山麓の三之丸にも、城主の日常生活と政務をとる御殿等が存在した。城の設計は『太閤記』の作者で、吉晴の家臣である小瀬甫庵といわれ、実戦に重きをおいた城郭となっている。

城主は堀尾氏、京極氏、松平氏と替わったが、江戸時代を通し松江藩主の居城であった。

明治維新を迎え、いわゆる「廃城令」により、明治八年（一八七五）に建物の多くが撤去された。その中で、天守は旧藩士や地元有力者等の尽力により保存され、旧国宝保存法により、昭和十年（一九三五）に国宝に指定された。戦後の文化財保護法で重要文化財となり、昭和二十五年（一九五〇）から五カ年をかけて解体修理が行われた。さらに、城山一帯は国史跡になっている。

近代以降の城山は松江市民の憩いの場であり、現在は国際文化観光都市松江のシンボルとして親しまれている。

平成二十七年（二〇一五）七月に、松江城天守が中国地方に唯一残る壮大なもので、近世城郭を代表する建築として、六十五年ぶりに再び国宝に指定された。国宝復帰については、松江市民の念願であり、これまでに松江市や市民団体などにより、国宝化への活動や調査・研究が地道に進められてきたことが大きい。

また、注目される新知見としては、松江城調査研究委員会委員長であった故西和夫氏等の調査によって天守の構造的特色が明らかになったことや、松江市史料編纂室の調査で再発見された祈祷札により、天守の完成が慶長十六年（一六一一）正月と確定したことが挙げられる。この祈祷札二枚と、築城時の地鎮の祈願に使用された鎮宅祈祷札四枚、鎮物三点（祈祷札一、槍一、玉石一）が併せて、附（つけたり）指定された。

空から見た松江城周辺

空から見た松江城天守

【祈祷札 二枚　慶長十六年正月吉祥日】

慶長十六の銘があり、松江城天守の完成時期を示す貴重な一次資料。天守地下一階の柱に掲げられていたことが判明した（松江歴史館蔵）

【鎮宅祈祷札 四枚】

昭和の解体修理工事で天守内の柱や梁から発見された四枚の鎮宅祈祷札で、梵字の願文が記されている（松江歴史館蔵）

【鎮物 三点　祈祷札一、槍一、玉石一】

昭和の解体修理工事の際に天守地下一階の礎石の下から発見された鎮物一式。築城に際しての地祭りの鎮物であり、他の二件とともに、築城に際し三態、三様の祈祷が行われたことを示す貴重な資料（松江歴史館蔵）

祈祷札 二枚　慶長十六年正月吉祥日

鎮物 三点　祈祷札一（右上）、槍一（左）、玉石一（右下）

鎮宅祈祷札 四枚

春の松江城

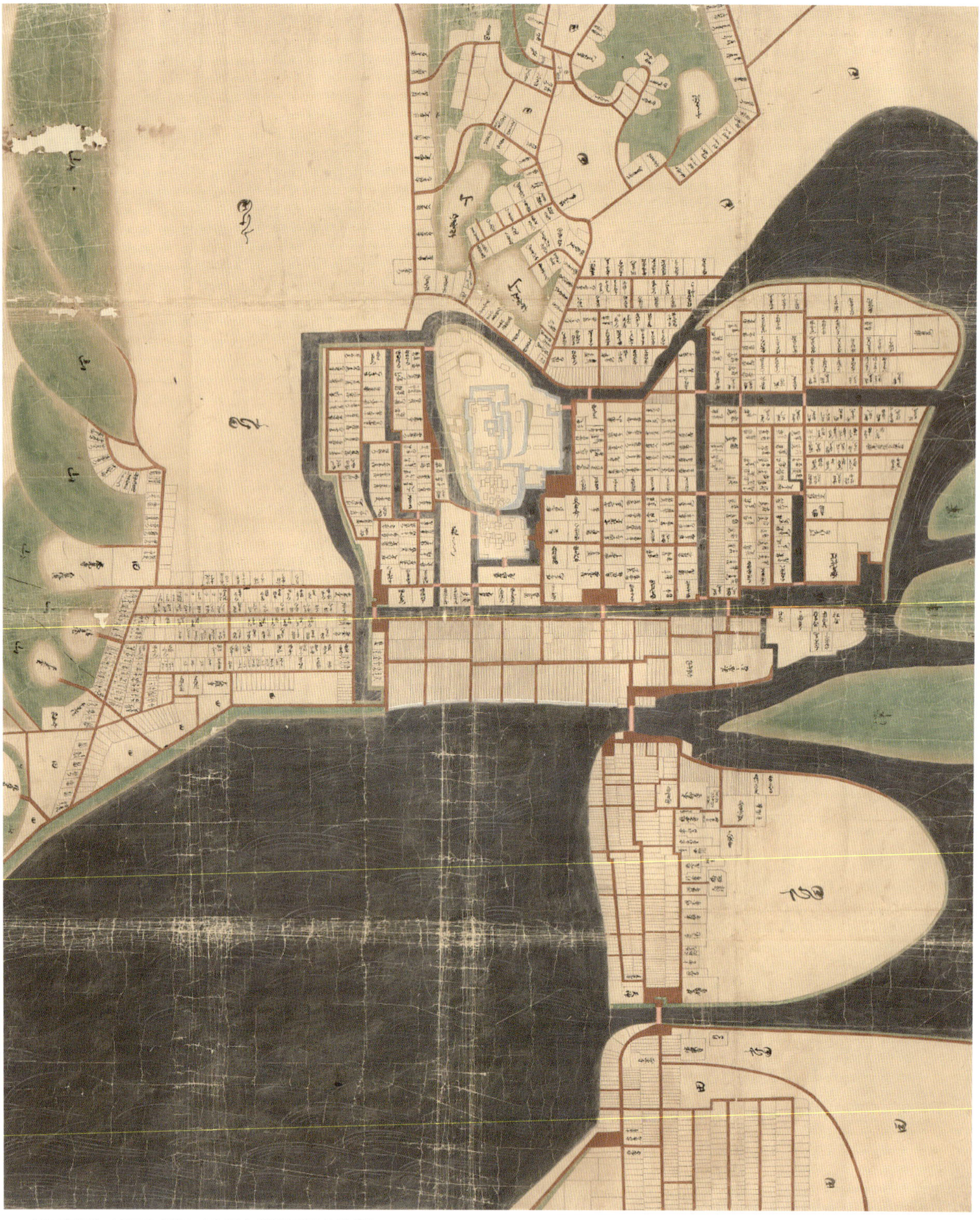

堀尾期松江城下町絵図（島根大学附属図書館蔵）

松江城周辺マップ

小泉八雲記念館
小泉八雲旧居
塩見縄手
武家屋敷
明々庵
N
0
100m
内濠
搦手之虎口広場
新橋
城山稲荷神社
稲荷橋
鎮守の森
松江護国神社
土塁
宇賀橋
ホーランエンヤ伝承館
馬洗池
外曲輪
北之門跡
腰曲輪
中曲輪
脇虎口ノ門跡
北惣門橋
亀田橋
外曲輪(二之丸下ノ段)
松江歴史館
本丸
天守
土塁
後曲輪
椿谷
三ノ門跡
一ノ門跡
米蔵跡
大手門跡
二ノ門跡
太鼓櫓
外曲輪(馬溜)
堀川遊覧船乗り場
松江神社
中櫓
大手前駐車場
二之丸
興雲閣
島根県物産観光館
南櫓
島根県立図書館
千鳥橋(御廊下橋)
三之丸之内(御花畑)
三之丸
島根県庁
島根県民会館

松江城天守の特色

近世城郭最盛期を代表する遺構

（文・和田嘉宥）

松江城天守は、通し柱による構法や、これに金物（帯鉄）を多用した包板《つつみいた》の技法などが特徴で、中国地方に唯一残る荘重雄大な四重五階の後期望楼型天守で、近世城郭最盛期を代表する遺構である。

天守は本丸の北東に位置し、天守台石垣上に建つ。外観は四重、内部は五階、地下一階で、二重目と四重目は東西棟の入母屋造。二重の南と北には入母屋造破風の出窓をつけ、南面する正面に玄関となる一重一階の附櫓を設けて天守地階への入り口とする。屋根はすべて本瓦葺である。最上階の屋根には二メートルあまりの銅板に包まれた木製の鯱が棟の両端にのる。

外壁は初重と二重がすべて下見板張、三重と四重及び附櫓は下部を下見板張、上部を漆喰塗、一重上の出窓は漆喰塗とし、内壁はすべて真壁造とする。各重の四面には突上板戸を付す連子窓（武者窓）を配し、要所に鉄砲狭間や矢狭間をあけ、南と北の出窓中央に花頭窓をつける。四重（五階）は四面とも板戸建込の窓で、外には横桟三本の手摺が付いている。

平面は各階とも東西方向にやや長く、一階と二階が同規模、三階と四階もほぼ同規模で、一階と二階は四周を幅二間の武者走りとする。四階の一部を除いて各階とも間仕切壁はないが、柱列と内法貫で内部を区切る。五階は四周を幅半間の縁とし、内部は東西二室に分かれる。一階から五階はすべて板敷、根太天井で、五階は天井を設けず小屋裏を現し、四周も化粧屋根裏とする。地階はほぼ正方形平面で、中央部に石積の円形井戸を備える。床は板敷きであるが、北東部だけは食塩貯蔵用に平瓦敷となっている。附櫓は歪みのある四角形で、石垣南面の中央西寄りに鉄板張扉の入口を構える。

天守軸部は太い柱と梁を組み、貫で固め、長さ二階分の通し柱を随所に立てる。柱は、外側の一部の柱を除き、階の上下を通して整然と配列されている。天守の荷重を一階分の通し柱で支えようとする構造的技法が特色である。また、柱太さは一階から二階が九寸（一寸は三・〇三センチ）から一尺五寸角（一尺は三〇・三センチ）、三階四階が九寸から一尺角、五階は七寸と、下層を太くし、上層の柱を細くしているが、特に地階、一階で中央部に配置されている二本の通し柱は他の柱よりひと回り太い。

一階から四階の柱のうち、一〇三本は一面から四面に包板を釘、鎹《かすがい》、帯鉄で取り付けている。この包板は二寸から二寸五分と厚く、軸部強化の役割が期待されている。柱をよく見ると、地階から五階までの柱の多くは上下に帯鉄が巻かれている。柱自体の干割れを防ぐためである。

部材をよく見ると、一階二階には多数の古材が用いられており、さらに二階以下は面皮や曲りがある丸太が多く、三階以上では製材された角材が多く用いられている。また、二階以下の部材には、堀尾氏の家紋である分銅紋に富の字が刻印された部材が含まれている。これらは堀尾氏が最初に居城した富田城（安来市広瀬町）の部材が運び込まれた証しであろう。松江城天守は、地階から二階までは富田城の古材を再利用し、そこに新たな部材が加えられて、今の四重五階の天守になったと思われる。

ところで、「正保城絵図」の一つ「出雲国松江城絵図」（一九頁）には二層に千鳥破風がある五層の層塔式天守が描かれている。昭和修理時の写真・図面資料、修理記録などを改めて調べてみると、創建当時の天守は現天守の姿とは異なり、千鳥破風や唐破風が付いて、より一層、荘重雄大な天守で、昭和の修理に際しても、一度、その姿に復原することが検討されたが実現には至らなかった。

最近、千鳥破風や唐破風を付した層塔式天守の姿を描いている「出雲御本丸」図（二九頁）の存在が明らかになった。天守の形は「出雲国松江城絵図」の天守とほぼ同じで、さらに本丸や二之丸の形や建物の描写も実に正確である。

これらの絵図の天守の描き方は何を物語っているのだろうか。創建時の松江城天守は如何なる姿であったのだろうか。改めて、その姿を探究するのも今後の課題と思われる。

荘重雄大な四重五階の松江城天守

天守南面

前面に張り出すのは附櫓。土台となる石垣の中央部やや西寄りにある城門は鉄の延べ板を張った冠木門《かぶきもん》

天守西面

右手奥に見えるのが附櫓。二重目の屋根は入母屋造で、正面中央に大きな破風を付ける。一重目、二重目、破風の壁はすべて下見板張り

天守北面　北側から天守を見上げる。高い天守台の石垣から黒い天守が迫る。頂部には望楼一重目に付けられた入母屋破風がわずかに姿を見せている

天守南東面　祈祷櫓跡から見る天守。左手は附櫓。附櫓の壁には下段に狭間の覆板が点々と見え、上段には、武者窓（格子窓）に吊られている突上げ戸が見える

附櫓

天守入り口付近の防備を固める附櫓《つけやぐら》。石垣は天守台の石垣より一段低く積み上げられ、附櫓の一階がのる。附櫓は下部と破風が下見板張り、上部、軒下は白漆喰の土壁。

附櫓への入り口は石垣の中、正面中央西よりにある。入り口の上部、下見板張りの壁の左右の袴腰型の張り出しは石落とし。天守の城門である冠木門は附櫓の石垣に設けられているが、鉄扉はこの冠木門の門柱に上下二カ所の坪金物（肘坪）で吊る。扉は柱や楣《まぐさ》とともに防火・防備に備えた総鉄張り。中央下段の潜り戸は上下に開閉できる。附櫓一階には、石段を登って天守に入ろうとする敵を攻撃するための板間「石打ち棚」があり、壁には太い武者窓（格子窓）、鉄砲狭間、矢狭間、石落としなどが設けられている。

附櫓

鉄扉

附櫓入り口。冠木門は鉄板で覆われている

附櫓１階の石打ち棚

外から見た石落としと狭間

入母屋破風　入母屋破風の壁面は白漆喰塗。黒地が基調の天守に華やかさをもたらしている。入母屋破風は南北方向に組み込まれ、庇《ひさし》の下は中央に、上が狭く下に広がった「花頭窓《かとう》」。四角の小さな開口部は鉄砲狭間

松江城天守通し柱配置図

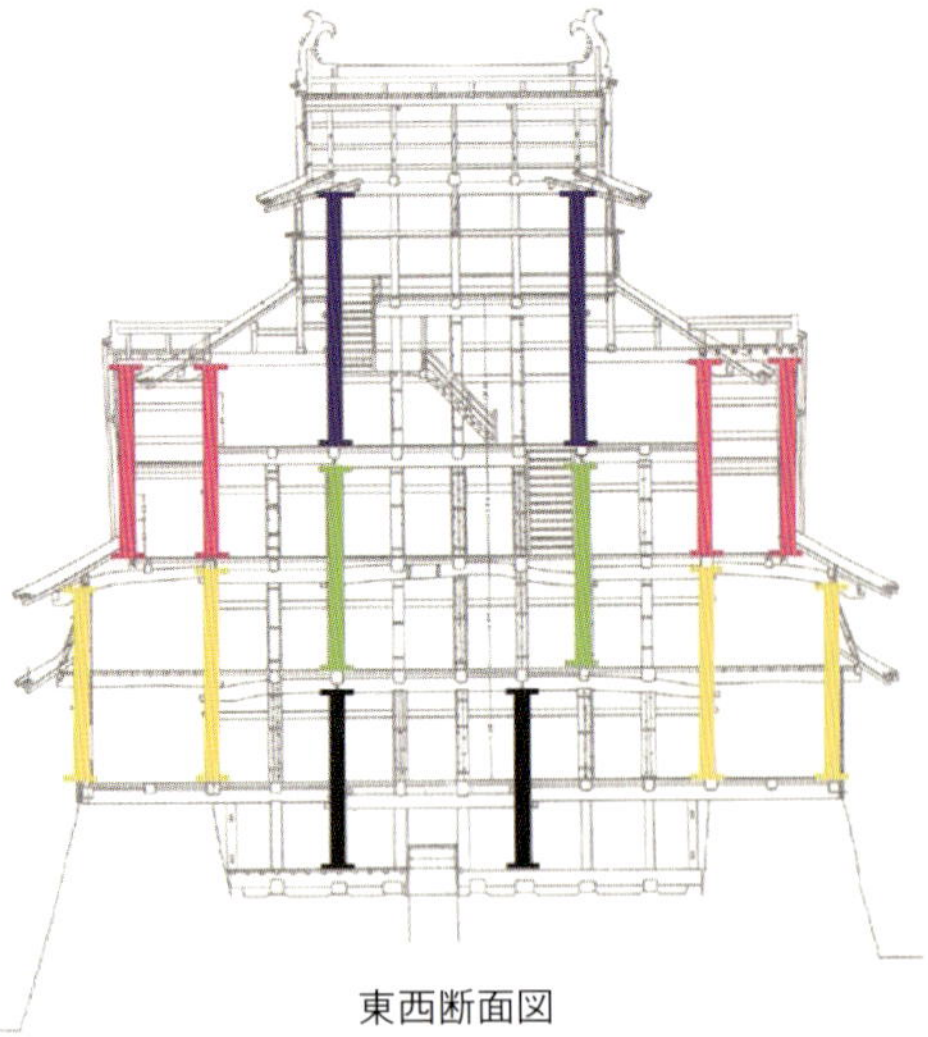
東西断面図

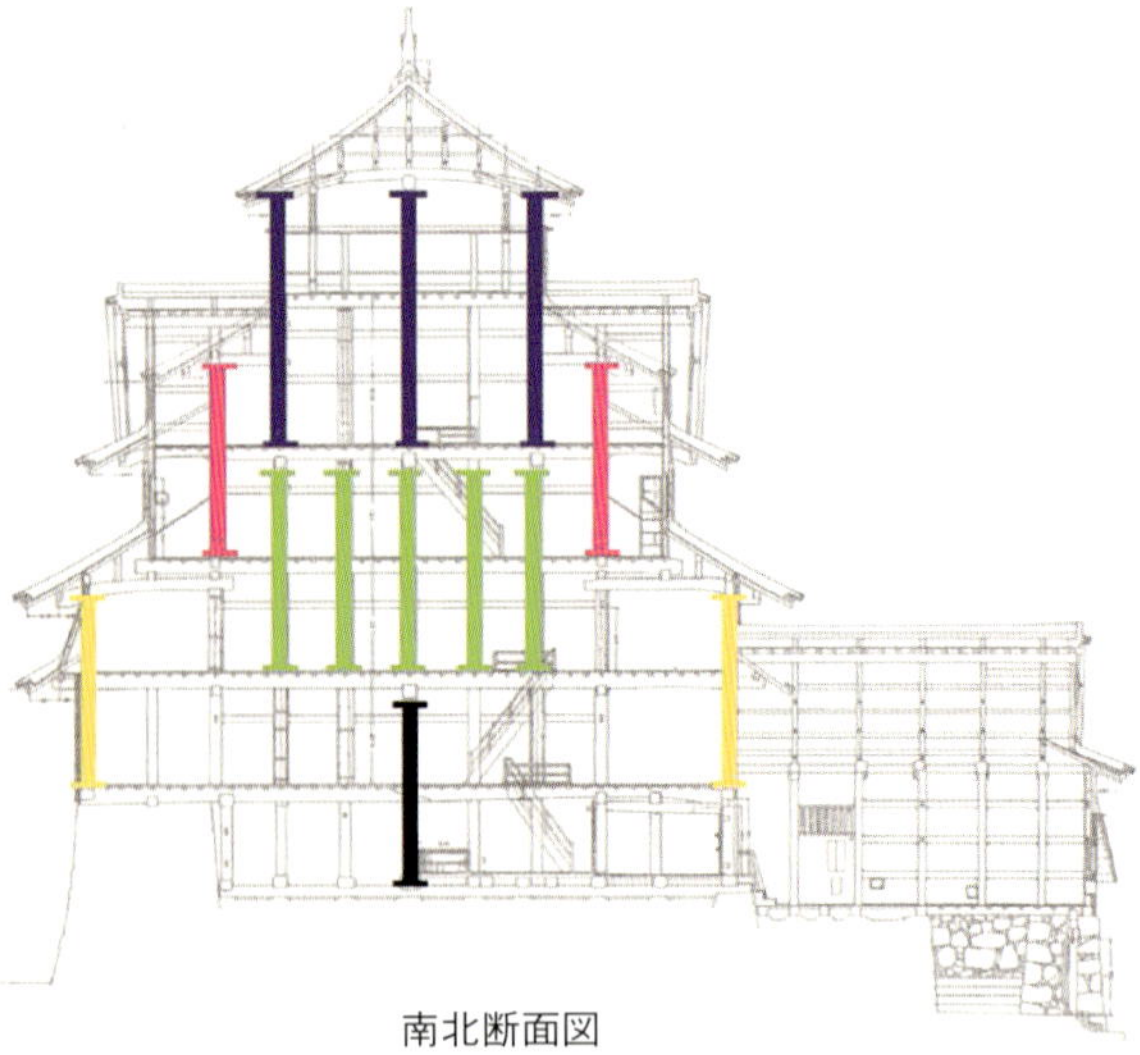
南北断面図

I	4～5階
I	3～4階
I	2～3階
I	1～2階
I	地～1階

通し柱

天守全体を支えているのが2階分の通し柱の積み重ね。包板の技法を用いた柱構造は松江城独自の特色である。

（上部断面図は『松江城天守学術調査報告書』より）

昭和の大修理（1950～55年）時の1階梁の組み立て。右上部の2本の柱は、地階から伸びている通し柱。松江城天守はこのような通し柱が地階～1階、1階～2階、2階～3階、3階～4階、4階～5階と交互に組み立てられている
（『重要文化財松江城天守修理工事報告書』より）

包板と帯鉄

柱の四方に巻かれた包板と帯鉄。包板は厚さは一寸八分あまりと厚く、鎹《かすがい》で留めて連結し、さらに鋲《びょう》を打ち付けた帯鉄（鉄輪）で柱を締め付ける。材種は大半が松材である。この柱は四方に包板が巻かれているが、柱の一面、二面、三面に包板を巻いた柱もあり、全体ではほぼ半数にのぼる。柱に包板を巻いた天守は他に例がなく、松江城天守の特徴である。なお、柱に帯鉄（鉄輪）を巻いただけの柱、柱に鉄輪を巻き包板を何面かに充て、その上に鉄輪を巻いた柱など、包板と帯鉄（鉄輪）を取り合わせた柱は種々ある。

包板と帯鉄

柱に直接巻かれた帯鉄（下）と、包板と柱を巻いた帯鉄（上）

階段

階段は段板（踏み板）、側板とも大半が桐《きり》材である。勾配はほぼ五〇度と急で、段板は二寸（約六センチ）余りと厚い。

すべての階段は固定され、側板には手摺《てすり》が付いている。（但し、中央の手摺は見学者用に新設されたもの）

3階～4階を結ぶ階段

手前は3階から4階への階段。正面の4階から5階への階段は中ほどに踊り場があり、階段は踊り場で矩折《かねおれ》（直角に曲がる）になっている。

武者窓

格子窓のひとつで、太い格子を縦に取付けた格子窓。外には突上げ戸が付いている。天守の窓は、最上階（天狗の間）を除いて、大半が太い木格子の武者窓である。突上げ戸は、窓枠に壺金物で取付け、開口時には、方杖で支えて開ける。

石落とし

石などを落として直下の敵を攻撃するための仕掛け。天守２階には四隅にそれぞれ２カ所に袴腰《はかまごし》型の石落としが設けられている。

鉄砲狭間

天守の中から鉄砲を撃つための小さな開口部である。ほぼ正方形の四角錐状の狭間を鉄砲狭間と言うのに対して、縦長長方形の狭間は矢を射るためのもので、矢狭間という。天守には矢狭間 14、鉄砲狭間 80、計 94 の狭間が壁に設けられている。

4階西隅の落ち床　一間四方で二間《ふたま》からなる。『竹内右兵衛書つけ』を見ると、一間《ひとま》は便所であったことがわかる

階段上の引出し板戸　3階から4階に昇る階段の上には梁の間に手前に引き出すことのできる板戸が付いている。階段の開口部をふさぎ、敵が昇ってくるのを防ぐためだが、同様の板戸は、地階から1階に昇る階段の上にも設けられている

梁　4階庇部分の小屋組を見上げる。丸太状の梁と加工された梁が交互に架かっているが、修理前の小屋梁は、ほとんどが丸太状の梁材であった。手前の梁は中程に枘穴《ほぞあな》があるが、転用材かもしれない。干割れを防ぐ帯鉄（鉄輪）が2枚巻かれている

彫込番付　「三ノ四」と記されている彫込番付。富田城から運ばれたかもしれない古材

天狗の間

城下が一望できる天守５階「天狗の間」。四周に半間幅の縁を巡らし、窓を開け、高欄を付けている。内部は東西からなる。鴨居には溝があるが、敷居に溝はない。天井も小屋組をあらわにした化粧屋根裏である。５階も下の階同様に板張りで、間仕切りもなく開放的だ。東西二間《ふたま》には、藩主登城の際などには畳が敷かれたと思われる。 なお、右下の階段回りの手摺は、この階だけ架木《ほこぎ》と斗束《とづか》からなる高欄仕立てになっており、材種も階段と同じ桐材である。ここ「天狗の間」は藩主を迎えるための特別な空間として造作されている。

天狗の間より東方を望む　眼下には殿町、母衣町、田町の旧武家屋敷地が広がり、遠方に嵩山、和久羅山を望む、その向こうは中海。天気がよければ、出雲富士とも称される大山を遠望できる。『旧藩事蹟下按』には、東方を「中海ヲ以青龍に叶フ」と記されている。

天狗の間より西方を望む　外中原町、黒田町の向こうには、戦国時代、宍道湖端に荒隈城があった国屋町の低い山並みが続く。『旧藩事蹟下按』には、「右ハ湖水ト共西ニ廣原ヲ有スレハ白虎の地云ハス備ハリ」と記されている。

天狗の間より南を望む　眼下に二之丸、今は島根県庁が建つ三之丸、その向こうに末次の町並みが東西に延びる。宍道湖の向こうには出雲の山並みが幾重にも広がる。『旧藩事蹟下按』には、「陽に発進の路之レ朱雀則表に取るト」と記されている。

天狗の間より北を望む　眼下に後曲輪の濃い緑がひろがり、その向こうは北堀町、奥谷町。後方には島根半島の北山連山。『旧藩事蹟下按』には、「後面ニハ現に北山を覆ふ最モ玄武に適す」と記されている。

松江城天守雛形（松江市提供）＝現在は松江歴史館に展示してある

天守雛型

『藩祖御事蹟』には、寛永十五年（一六三八）に松平直政に伴って来松した御大工の竹内右兵衛が天守を見て、まずその雛形を作り、天守の修理に取りかかったとあり、この雛形は直政入封から間もない頃に竹内右兵衛によって作られたものとされていたが、近年の研究では後世の作と見るのが妥当とされている。天守は一八世紀に入ると修理が度々行われるが、『列士録』には、享保三年（一七一八）は御大工頭斎田彦四郎が「御天守小型」を作り褒美《ほうび》をもらったとある。雛形はこの「小型」かもしれない。縮尺は平面方向約四十分の一、高さ方向約三十分の一と、高さが強調されている。また、床板や屋根の野地板は省略されて、柱や梁の構造を見せる模型になっている。（松江市指定文化財）

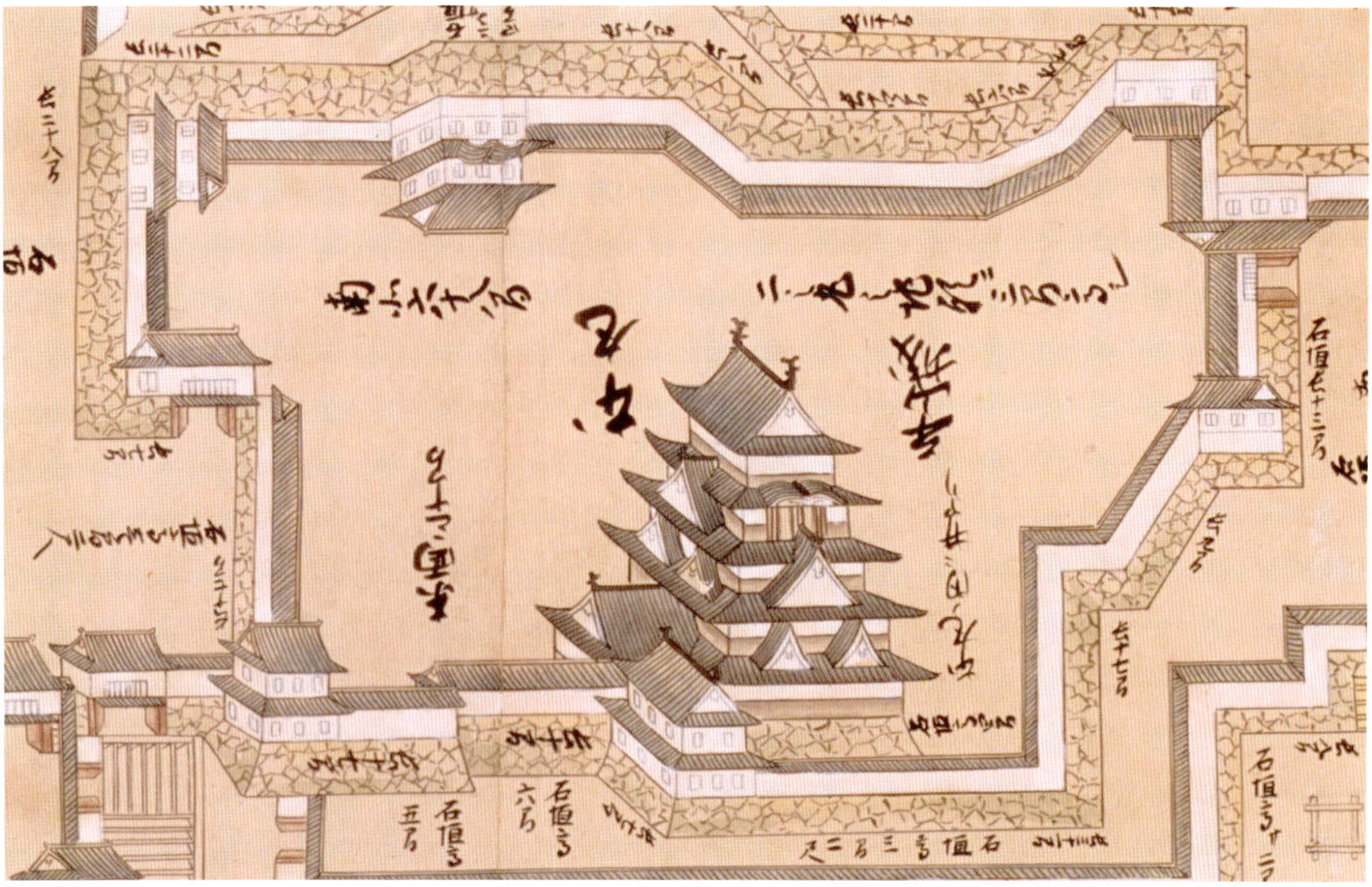

「出雲国松江城絵図」（部分）
（1644 ～ 1647、国立公文書館蔵）

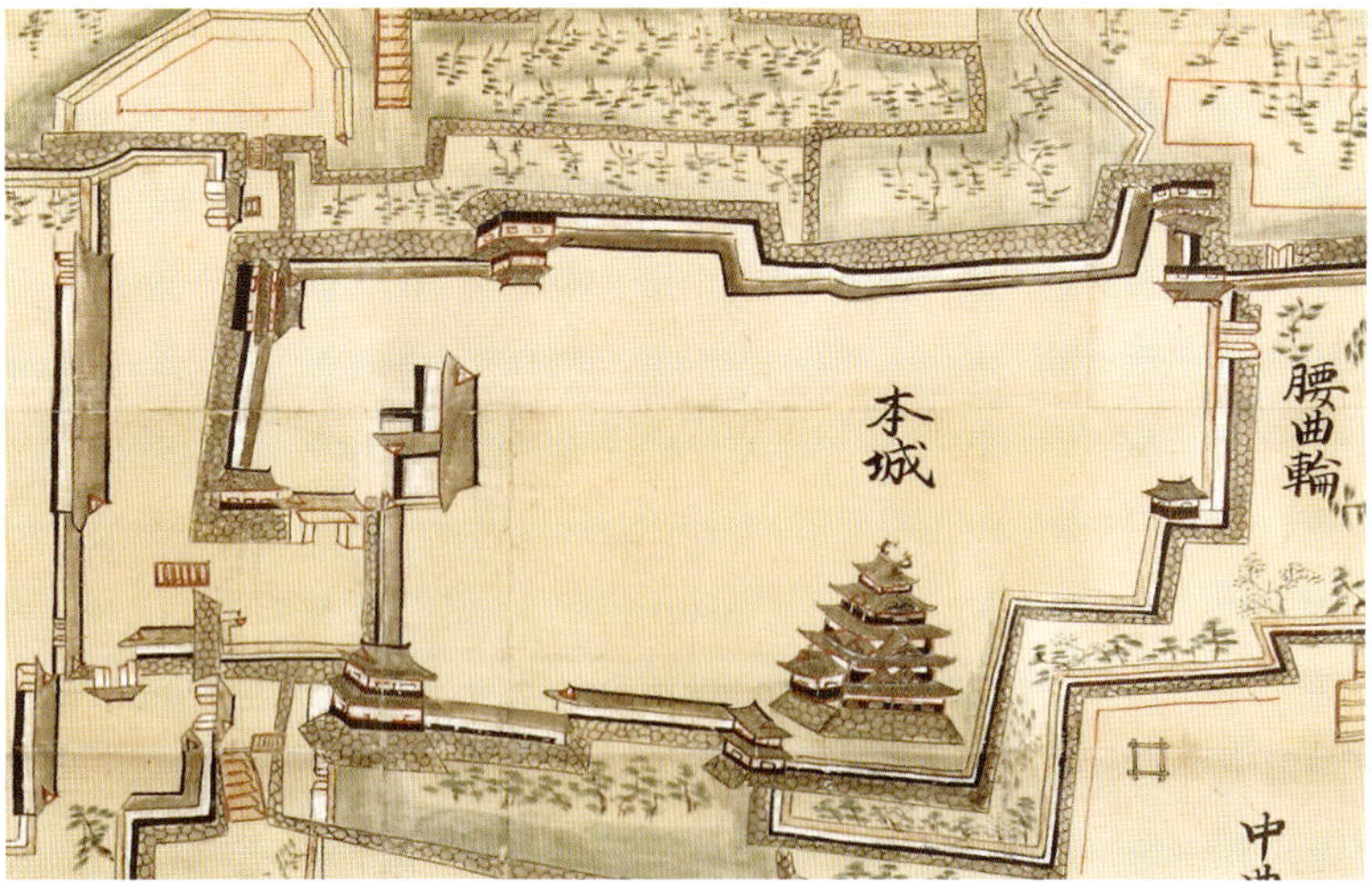

「出雲御本丸」（部分）
（1671 ～ 1720 か、出雲古代歴史博物館蔵）

「正保城絵図」の一つである「出雲国松江城絵図」は松江城下全体が描かれているが、松江城の本丸・二之丸・三之丸がより詳細に描かれている。天守は附櫓がある複合式の五重層塔型天守で、二重目には比翼千鳥破風が、四重目には唐破風が描かれている。最近、新たに見つかった城絵図「出雲御本丸」図は「松江城縄張図」（松江歴史館蔵）などの実測図面をベースに正確に描かれた絵図であることがわかってきたが、本図の天守の形は「出雲国松江城絵図」と酷似している。松江城天守は 18 世紀前半に修理されて今の姿になったともみられるが、本図は修理前の天守の姿を描いたものとも思われる。

籠城に備えた天守の井戸

（文・岡崎雄二郎）

地下一階のほぼ中央に直径約二メートルの穴があって、昔から抜け穴か、井戸ではないかと噂されていた。その謎を解決するために、昭和の大修理の際、穴を掘ってみることになった。昭和二十六年（一九五一）九月のことである。上から約七メートルまでは空洞でそれから下は砂で埋まっていた。周囲には自然石が積まれ、隙間には粘土が詰めてあったという。砂を掘り下げると、やがて竹輪で縛られた松材製の井側が十二段も重ねられているのが見つかった。下部は径約一・三六メートルと狭くなっている。

地下二三メートル近くまで掘ると水が湧いてきて、その水面下三メートル余で岩盤に達した。結局抜け穴ではなく、籠城に備えた井戸であることが分かったのである。地下一階の東側の床は板を張らずに瓦が敷き詰められ、塩が付着していたことと塩の荷札が多数見つかったことから、いざ籠城に備えて塩が蓄えられ、井戸を掘って飲料水を確保したのである。今は危険防止のため、十メートル以下は土砂を埋め戻している。

天守内に井戸を設ける例は、名古屋城や堀尾吉晴と子の忠氏が城主だった浜松城（静岡県）の天守地階だけで、全国的に珍しい。

天守地下１階の井戸

天守台石垣

「鍵」をイメージした刻印

天守台石垣

築石《つきいし》は、石切り場から割って切り出したままの石や堆積土層中に含まれる大きな転石を粗割にして、あまり加工せず平坦な面を外表に出して積み上げたものである。昭和の大修理の際の解体調査では、転石を粗割にした石は硬い黒色玄武岩（通称矢田《やだ》石）で約八割、この石は表面に黄褐色の薄皮が付いているのでよく判別できる。石切り場から切り出した石は、灰白色の和久羅山デイサイト（通称大海崎《おおみざき》石）が約二割となっている。石の隙間には小さな間詰め石をかませている。

石垣の高さは北西隅で七メートル余、一辺は北辺で約二五メートル、西辺で二一メートルm余。奥行きは約四メートルあり、内側は地階の穴蔵となっている。角の隅石はノミでよく削って整形し、勾配は直線的で、堀尾氏築城当時の石垣である。

附櫓の入り口左隅石には「鍵」をイメージしたと思われる長方形と直線を結んだ刻印がある。鉄板覆いの扉のすぐ横になるので、普段の天守は鍵で厳重に締められ中に入れないことを暗示しているようだ。

銅板を貼った木造の鯱

地下一階の穴蔵の間に一対の鯱《しゃち》が保管・展示してある。これは昭和二十五～三十年の大修理で、地上に降ろし銅板をはずして、内部の木造部を観察したが、腐食著しく、再使用が困難とされたものである。高さ二・〇八メートル、長さ一・二六メートル、頭部の幅四二センチの全国最大級の大きさを誇る。本体は寄木《よせぎ》造で彫刻を施した後、表面に銅板を貼り合わせ、釘を打って固定したもの。江戸時代からこのような構造であったか未だ不明な点が多い。同類のものに、重要文化財の丸岡城天守と弘前城天守の鯱がある。

現在の鯱

現在の鯱は、昭和二十九年天守の大修理に際して旧来の鯱の寸法・形状を寸分違わず合わせて模造したものである。木造部を作った大工、うろこや眼、口などを彫った彫刻家、銅板を貼った銅工たちが協力して制作した。木造部に当時の松江市長熊野英（花押）と職人たちの名前が揮毫されている。東西二つの鯱はうろこの大きさやえら、牙《きば》の形状が異なる。

地下１階に保管・展示してある鯱

現在の大棟両端の鯱

西端の鯱

東端の鯱

現天守の鬼瓦

古い鬼瓦

三つ葉葵紋が入った鳥衾

鬼瓦と鳥衾

天守では、各階の屋根の隅棟の先に鬼瓦と鳥衾《とりぶすま》瓦がセットで組まれている。本体部分で二十組、附櫓に二組の計二十二組ある。鬼瓦は昭和の大修理以前からのもの十四個、修理で新調されたもの八個がある。角《つの》の無いのが松江城の特徴といわれるが、よく見ると天守の北東隅棟先端、鬼門の方向をにらむ鬼瓦や保存・展示されている鬼瓦の一部には、控えめで小さな角がある。

鬼瓦の背後に取り付く鳥衾瓦も一般的には鬼瓦の頭上に鳥衾瓦の胴部をしっかりはめ込むようになっているが、松江城の場合、両者は寄りかかっているか、少し離れている珍しい例だ。瓦当紋は、五三桐《ごさんのきり》紋が大半だが、三つ葉葵《あおい》紋もわずかにある

大手、曲輪、門、橋などを見る

（文・岡崎雄二郎）

大手・脇・搦手

大手とはお城の正面入り口のこと。いざ登城という時、今の大手前駐車場の北西に大手柵御門（木戸門ともいう）があって城内へはそこから入る。脇とは横方向からの出入り口で、今の松江歴史館前の北惣門橋を渡った先の脇虎口《わきこぐち》ノ門（北惣門）から入る。搦手《からめて》とは裏口のこと。今の稲荷橋を渡った先の中原口御門から城内に入る。それぞれ、門があって厳重に監視されていた。

松江城の正面は東を向いているが、城下町に対しては南を向いているという。正確に言えば、南東に大手つまり正面を据え、北西に搦手つまり裏口を設けた。さらに、重臣屋敷との繋《つな》がりを重視して北東側に脇の出入り口を設けたと考えられる。

大手筋

大手から本丸天守までの主要な経路を大手筋という。勢溜《せいだまり》である大手前広場から大手の柵門を通り、内枡形《うらますがた》となっている外曲輪《くるわ》（馬溜《うまだまり》）へ入る。

右折して大手門を潜り、左折して石段（本坂）を途中の踊り場を折れて上がり、さらに左折して三之門を潜り、その先を右折して二之門を潜り、さらに右折して石段を上がり、また左折して一之門を潜るとようやく本丸である。しかし、天守は右手奥にある。

結局、本丸内に到達するのに五つの門を抜けて右に左に八回も折れながら上がらないといけない。これも敵の攻撃を防ぐ手立ての一つ。敵兵が本丸まで無事攻め上がるのは至難の業であった。

城の正面入り口となる大手柵御門跡

横方向からの出入り口となる脇虎口ノ門跡

馬溜

大手から柵門を経て城内へ入ると、六〇×五五メートルの四角い広場がある。「馬溜《うまだまり》」と呼ばれ、専門的には「内枡形」という。

井戸が二つあるだけで隠れるところがない。戦時には、大手門や高石垣上の塀の狭間《さま》から鉄砲や矢で集中的に狙い撃ちされる。

大手門跡

文献史料によれば、奥行き三間（五・四五四メートル）、横幅八間（一四・五四四メートル）の櫓門《やぐらもん》型式、二階造りで全国最大級の規模を誇る。

二階部分は武者走りで、両側の石垣上塀の後に行き来できた。発掘調査で、五〇センチ下から礎石やそれをつなぐ地覆石《じふくいし》が完全な形で発見された。付近から大きくて立派な鯱瓦《しゃちがわら》の破片も出土した。

正確な場所は確認できているので、後は古写真や起こし絵図（建築図面）が見つかれば詳細な建築構造が分かり、復元することが出来る。松江市では復元に結び付く写真などの貴重な史料の提供に現在五百万円の懸賞金を掛けている。

馬溜

大手門跡

本丸

亀田山丘陵最高所に築かれた南北一二二メートル、東西五四メートルの曲輪である。中央東寄りに国宝松江城天守が建つ。

周囲の石垣上に六つの櫓（東から祈祷櫓、武具櫓、弓櫓、坤《ひつじさる》櫓、鉄砲櫓、乾《いぬい》ノ角櫓）があった。

そして、中に武者走りをもつ細長い多門が各櫓を連結し、防御を固めた。『竹内右兵衛書つけ』には本丸に「御天守南ニ六間半ニ八間之家有之のよし　今ハなし」と記載されており、このことから「御殿」（藩主の住居）があったと推測される。さらに、「御台所」や「御薬蔵」もあったと記されているので、松江城完成後の一時期に「御殿」が存在していたのは確かではないかと思われる。

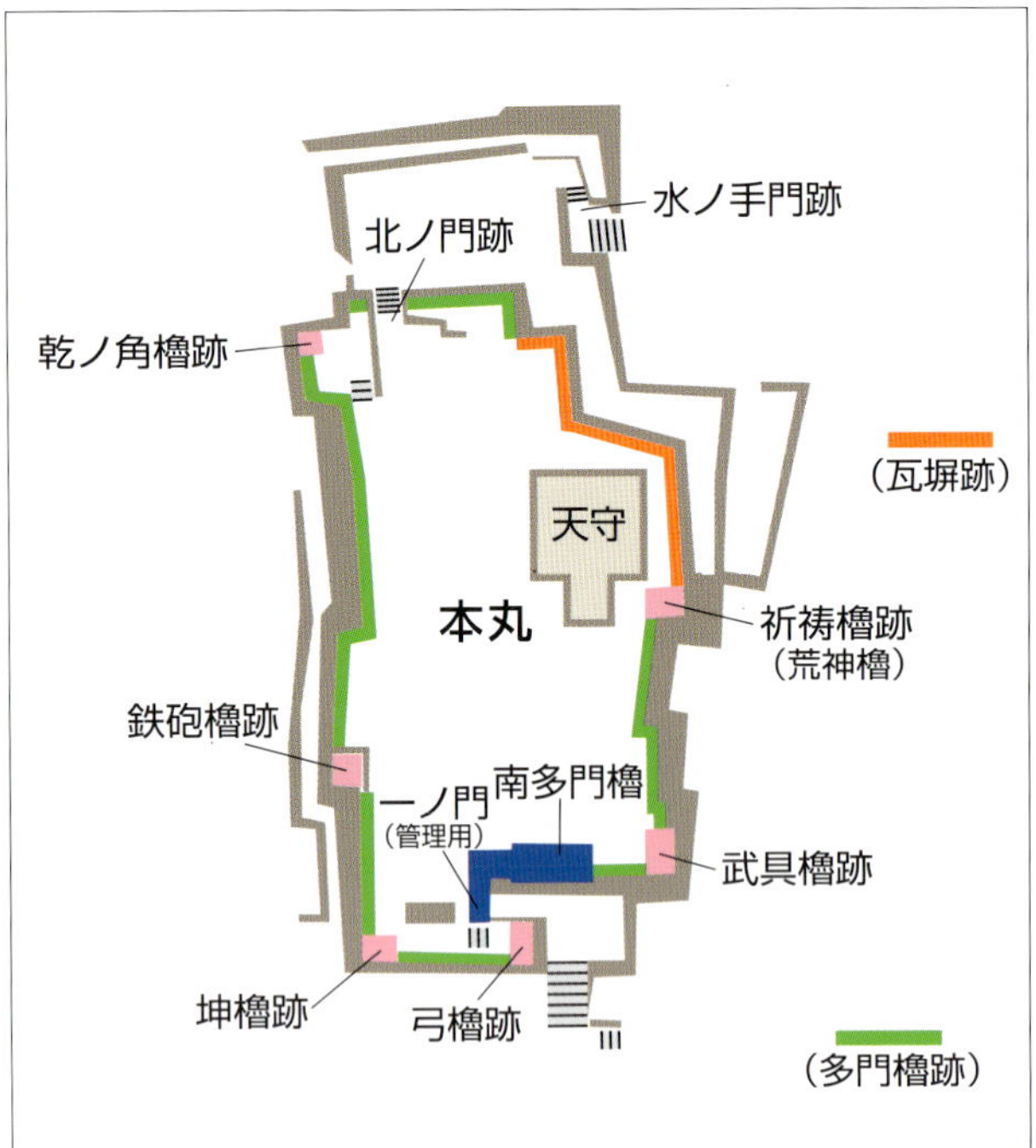

本丸平面図

本丸

鉄砲櫓跡

祈祷櫓跡

武具櫓跡から見た本丸の石垣

乾ノ角櫓跡

北ノ門跡

外曲輪（二之丸下ノ段）

外曲輪の二之丸下ノ段には、古絵図や文献史料によれば、米蔵二棟が中心建物で、天保年間（一八三〇～一八四四）に飢饉対策で五棟追加されている。南部には、天守の鍵預かり役の住居があった。北側には延宝七年（一六七九）以降、越後騒動の始末で高田藩の家老荻田本繁《おぎたもとしげ》とその子二人を預かった居所と長屋を建築している。

発掘調査したところ、絵図どおりの場所から米蔵の礎石と、その外周に石積みと排水路が発見された。三角形や方形の瓦焼きの壁塼《へきせん》も見つかり、土蔵造りだったことが分かった。

現在は松江城大茶会など各種の催し会場としても利用されている。

三之丸

亀田山の突端部の低平地に築成された一二八メートル×一一一メートルの四角い曲輪である。今は島根県庁となっているが、江戸時代は藩主が江戸から国元へ帰った時の御殿があった。

米蔵があった外曲輪（二之丸下ノ段）

椿谷の西に残る土塁

土塁～北西側の防備

松江城の堀石垣は、北は二之丸下ノ段の北方まで、西は千鳥橋の橋台までで終わっている。城の正面は東～南方向といわれ、石垣もその範囲に限定されている。これは堀尾氏のお家事情で工事が遅れた為とも、幕府の規制が強化されたためとも言われる。

しかし、まだ政情不安定な時期だったので、堀石垣の代わりに土塁と折塀を一部の区間廻らし、北西側の防備を固めた。馬洗池の北と椿谷の西には今も大規模な土塁が残っている。

北惣門橋

松江歴史館の西側内堀に架かる北惣門橋は、絵図や文献史料から江戸時代は木橋だったことが分かる。ところが明治時代になり、当時の皇太子（後の大正天皇）の御座所になった興雲閣の建築工事で重たい建築部材を城内へ運送しなければならないこともあって、堅固な石橋（眼鏡《めがね》橋と呼んでいた）に架け替えられたようだ。

平成五年（一九九三）、史跡にふさわしい木橋に戻すことになり、まず橋下を発掘調査した。三本の橋脚を支える胴木が東と西に発見され、平面規模や橋脚の数が分かった。その成果に基づき江戸時代の姿に復元した。材木は青森県産の堅固なヒバ材である。

千鳥橋

三之丸と二之丸とを結ぶ千鳥橋は、絵図や文献史料から江戸時代は屋根付きの廊下橋だったことが分かる。代を継いだ藩主が初めて江戸から国元に帰った時、三之丸御殿から天守まで登ったが、風雨に関係なく歩けるようにと屋根が架かり、格式が高い橋であった。さらに、廊下橋から二之丸の間にも屋根付きの石段が上がっていた。

石垣天端には今も柱のほぞ穴が残る。廊下橋は和歌山城や福井城などにもあるが、全国的には数少ないものだ。

北惣門橋

千鳥橋

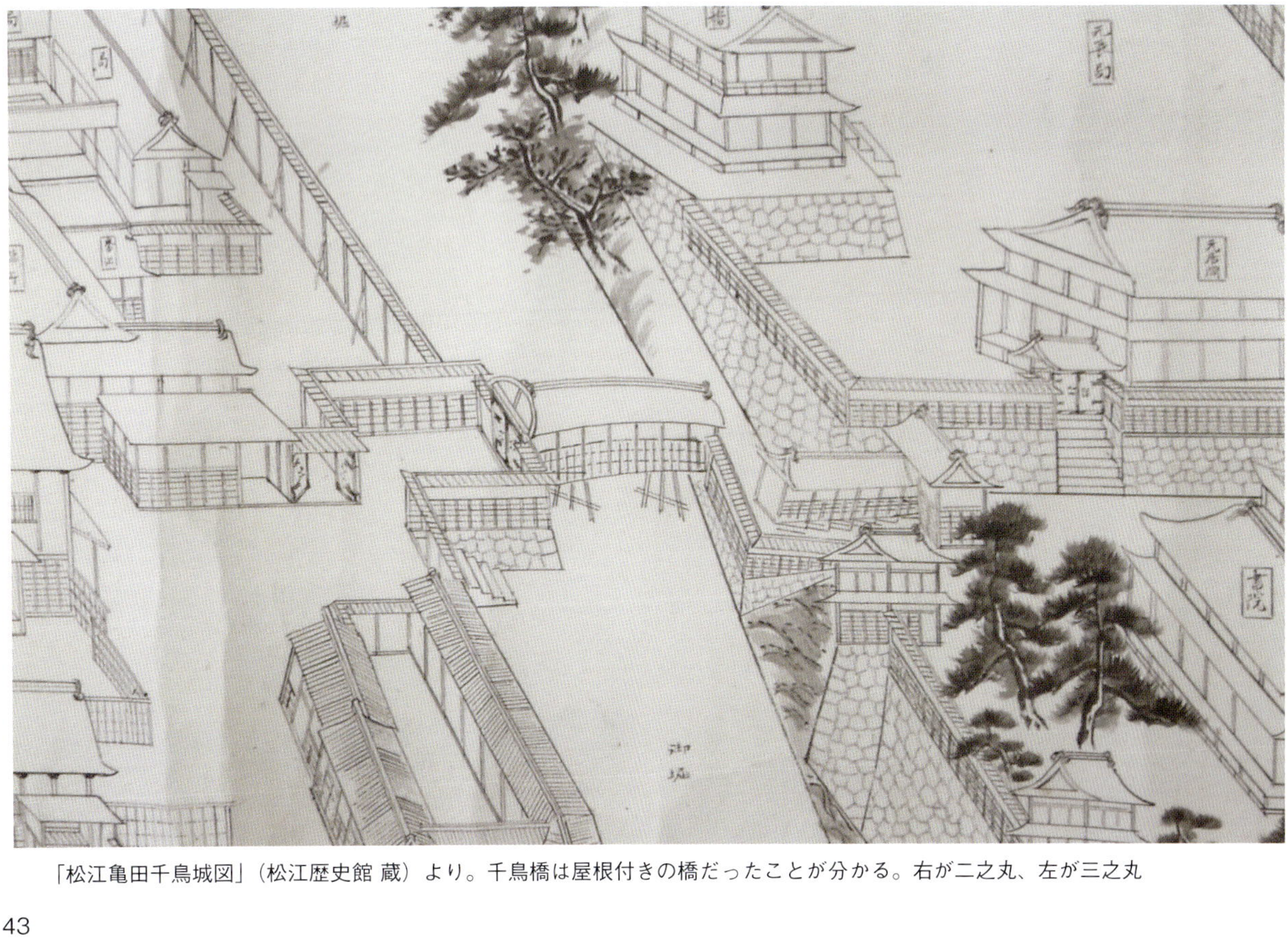

「松江亀田千鳥城図」（松江歴史館 蔵）より。千鳥橋は屋根付きの橋だったことが分かる。右が二之丸、左が三之丸

石垣のいろいろ

（文・岡崎雄二郎）

研究者の調査によれば、松江城に見られる石垣の積み方には大きく二つの異なる形態があることが分かっている。

一つは、石材は丸みを帯びた転石を割った割石で、幅広の矢穴痕がある。周りの築石とは奥のほうで接点をもち、固定させているもの。隙間には小さい石を詰める。黒色玄武岩（矢田石）や和久羅山デイサイト（安山岩と流紋岩の中間、大海崎石）を使っている。代表例は天守台石垣や本丸東面石垣、中曲輪東面の高石垣に見られ、堀尾氏築城期の石垣である。加工の度合いが低く、いわゆる打込《うちこみ》接《は》ぎの石垣に含まれる。

二つ目は、石材をさらにノミで加工して隣同士の築石との隙間が殆んど無い様な接面にする。表面の加工度も高い。新たに島根半島産の緑色凝灰岩も使用する。代表例は外曲輪（馬溜）の西側高石垣、千鳥橋を渡って二之丸へ上がる途中の階段下の高石垣に見られる。いわゆる切込《きりこみ》接《は》ぎの石垣に含まれる。

打込接ぎの石垣　本丸東面（武具櫓跡の北）の石垣。一見乱雑な積み方に見えるが、案外安定している。石はあまり加工せず、隙間が多いので間詰石を詰める

切込接ぎの石垣　二之丸南面（千鳥橋東）の石垣。全体に加工が進み目が詰んでおり、隙間も殆んど無い

大きな築石

本丸の一ノ門跡の前まで上がって来ると、周囲の三面の石垣の中にひときわ大きな石が配置されているのが分かる。さしわたし九〇～一七五センチもあって、大坂城のような鏡石

一ノ門の北側にある大きな築石が配置された石垣

と呼ぶまでではないが、城内の築石では最大級のものが集中している。この仕掛けも堀尾氏が築城したことを家来に誇らしげに自慢しているかのようである。

堀石垣にある横矢枡形

横矢掛け

侵入する敵に対して横（側面）から矢を射る、鉄砲を撃つ行為で、そのための施設を指すこともある。外側へ長方形の張り出しを設けた「横矢枡形《よこやますがた》」、逆に内側へ引っ込みを設けた「合横矢《あいよこや》」、石垣に内折れの角を設けた「入隅《いりずみ》」、逆に外折れで突出させた「出隅《でずみ》」、長い石垣に入隅と出隅を繰り返し設ける「雁行《がんこう》」などの種類がある。

松江城では、本丸鉄砲櫓付近や東の内堀に面する外曲輪（二之丸下ノ段）中央などに「横矢枡形」が、本丸の天守北方などには「入隅」が、二之丸中櫓から南櫓にかけてと中曲輪北半部などには「雁行」の仕掛けが見られる。

堀石垣を築く

鳥取県西部地震（平成十二年）で大手前北側の堀石垣が崩落し、翌年修理したことがある。一番下の根石を取ると、石垣を固定するための大きな松の角材胴木が姿を現した。胴木は厚さ三〇×一〇センチ、長さ三五〇〜四〇〇センチで、栓をはめる継手で繋いであった。

三之丸跡でも県庁の防災センター建設工事で石垣をはずした際、胴木が発見された。ここは地下水が流れる軟弱な地盤だったので、堀石垣を築いた時、頑丈な松材の胴木を四本も並べ置いて、しっかりと基礎を固めたことが分かった。

石垣の修理

一見堅固に見える石垣も積み方がよくなかったり、大地震や大雨が降れば崩れることがある。

江戸時代には石垣崩壊個所を示し幕府の許可を得て修復したことが、幕府提出の絵図から知ることが出来る。例えば、文献史料に安永七年（一七七八）の六、七月に大雨が降り、洪水で大きな被害が発生したことが記されている。その時に松江城の石垣も崩れたことが安永七年八月付の幕府への修理願い提出絵図で分かる。石垣崩落個所が朱線で示してあり、中曲輪北之方塀下石垣が高さ二間、横三間半崩れたので元通り積み直したいと添え書きがしてある。その後、幕府の許可を得て工事が実施され、翌安永八年中には修復工事が完了したと思われる。

中曲輪北側の石垣に「安永八」と三文字が刻んである築石が近年発見された。修復したことを永遠に記録に留めるため年号を刻んだと思われる。

「安永八」の文字が刻まれた築石

大手筋の石垣にある分銅文の刻印

分銅文を刻んだ石垣

堀尾氏の家紋には、古くは抱茗荷《だきみょうが》紋、吉晴が秀吉から拝領した法馬《ほうま》（分銅《ふんどう》）紋、そして忠晴は六ッ目結《ゆい》紋を用いた。

大手門を潜り、左手の坂を上がると途中に踊り場がある。その北側に独立した石垣の中に、ノミで分銅文を刻んだ刻印石が多数ある。ここは石段を登ってくる敵兵を待ち伏せ、鉄砲で狙撃する重要拠点である。

昭和五十五年（一九八〇）に、石垣修理した際の調査では西面に二個、南面に三個、東面に九個、上面に二個、計十六個もあった。分銅文の刻印のある石垣は、城内ではここ一カ所だけに集中している。しかも、長さが二〇～二七センチ前後、最大のものは三六センチと普通の刻印より格段に大きい。

藩士が登城の際は、必ずこの横の石段を通ったが、否応なしにこの刻印が目に入ったであろう。「この城はわしが造った立派なお城じゃ！」と吉晴が自慢げに宣言しているように思える。

石垣の刻印の謎

城内の千個余りの石に、二十八種類もの刻印を見ることができる。ほとんどが、堀尾氏築城期の石垣にあり、代表的なものに「地紙形《ぢがみがた》に一」「鱗（△印）」「雁《かり》」「の」「鉞《まさかり》」「輪違《わちがい》」「星」などがある。発掘調査では墨で描いた文様も発見されている。

なぜこのような刻印を刻んだのか未だ不明な点が多い。分銅文は築城者堀尾氏の代表的家紋である。その他多数の刻印は、石垣普請を担当した家臣や、石工集団を表す符合ではないか、或いは工事に際して普請割があったのではないかと推定されている。

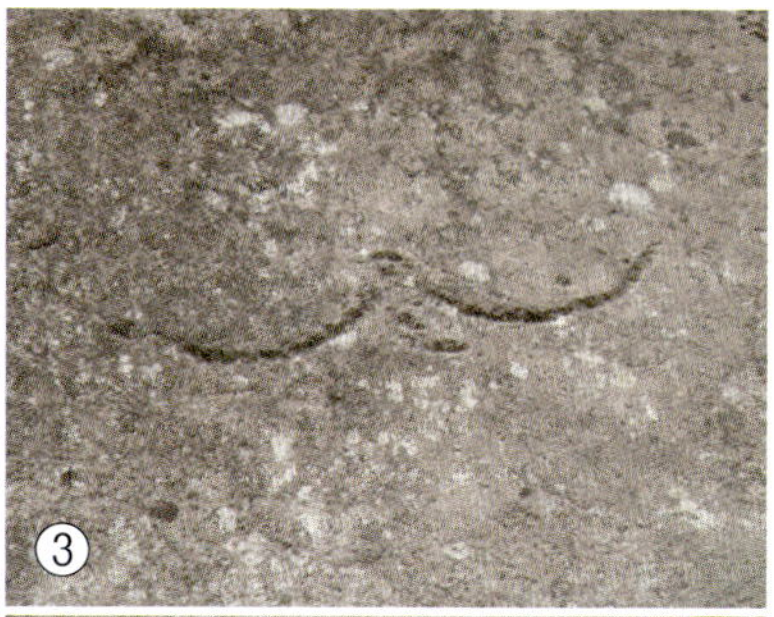

① 地紙形に一　② 鱗《うろこ》　③ 雁《かり》

④ 字紋「の」（左）と星（右）　⑤ 鉞《まさかり》

⑥ 輪違《わちがい》　⑦ □に井桁　⑧ □に大

復元された二之丸の櫓

（文・和田嘉宥）

二之丸は、本丸の南の一段低い半楕円形の平地、南北約九〇メートル、東西約一〇〇メートルの曲輪。ほぼ中央で南北方向に石垣を築き、その上には塀覆を設け区分し、かつては東の低い平地に玄関、式台、御広間、下台所が、西の高い平地に御書院、月見櫓、風呂屋、上台所、広敷などの建物が棟を並べていた。

ここで重要な建物は登り廊下でつながっていた御広間と御書院である。御広間を中心とする下段のスペースが公的な儀式や政務を行うところであり、御書院を中心とする上段のスペースが私的な接客・対面を行うところだ。御書院は東向き、御広間は南向きと異なるが、ともに上段の間を設け、床《とこ》、棚、書院を設《しつら》える平面構成は慶長期の書院造の形式そのものである。

島根ＪＡビル別館から望む二之丸の櫓と天守。左端に見える２階建てが南櫓、高石垣の角の上に建つ平屋建てが中櫓で、櫓は瓦塀でつながれている。後方は本丸に建つ天守

二之丸御殿の様相は江戸時代を通してほとんど変わらなかったとみえるが、明治八年（一八七五）以後、二之丸の建物はすべて取壊され、東の高い平地には、明治三十二年（一八九九）に松江神社が、同三十六年に皇太子（後の大正天皇）山陰行啓の際の御座所となる興雲閣が建てられた。

旧御広間跡は公園として市民に開放され、多くの桜木が植えられ、御茶屋などが建てられていたが、昭和四十五年（一九七〇）には「史跡松江城環境整備事業計画」が策定され、土地の買い上げ、発掘調査、遺構整備、石垣修理などが行われた。これに伴い、史跡松江城公園周辺整備事業が実施されることになり、平成十三年（二〇〇一）、二之丸には南櫓、中櫓、太鼓櫓とこれらの櫓をつなぐ瓦塀覆が復元され、今に至っている。

右手の建物は中櫓、正面奥が太鼓櫓、その左右には瓦塀が伸びる。左にはかつて御広間、御玄関などの城郭施設が建っていた

太鼓櫓

復元された太鼓櫓。時を知らせる櫓であり、入母屋造り、本瓦葺きで、梁間３間、桁行６間の平屋建て。左手の北西隅には２間の庇《ひさし》が付く。外壁は真壁で白漆喰《しっくい》仕上げ、一部下見板張り

太鼓櫓の内部は中央軸に柱３本を立て、二間《ふたま》になっているが、敷居や鴨居には溝はない。外壁には格子窓と狭間、石落としが付いている。

馬溜から望む太鼓櫓。両隅に石落としが設けられている。壁は下部が下見板張り、上部が白漆喰

中櫓

中櫓は入母屋造り、本瓦葺き、梁間３間、桁行６間の平屋建て。御具足蔵とも呼ばれる

中櫓の内部は中程を板壁で仕切り、二部屋になっている。堀に面した武者窓から、大手付近を監視する

高石垣の上に建つ中櫓。外壁は下部が下見板張りで、隅に袴腰型の石落としが、中ほどに武者窓に吊られた突上げ窓が見える

南櫓

南櫓は２階建て、入母屋造り、本瓦葺き。１階は梁間４間、桁行５間。２階は梁間３間に桁行４間。『竹内右兵衛書つけ』には「南ノ二重屋くら　下ハ四間半ニ五間　上之重ハ三間半ニ四間也　棟亥ヨリ巳ノ方ニ当ル　瓦屋根也」とある

南櫓の１階は一間《ひとま》で、中央に階段を設けてある。床は板張り、入口となる大戸は内側に引戸として設えてある

南櫓の２階は、真壁、白漆喰塗り、天井は化粧屋根裏、窓は天守に倣い武者窓。要所には狭間も設けられている

県庁前の堀から見る南櫓。高石垣の上に建つ２階建て。手前の三之丸には「松江城三丸舊跡《きゅうせき》」と刻む石碑が建つ

南櫓２階から市街を望む。点前は内堀、右手には島根県庁の建物が見えるが、ここは、かつて三之丸御殿で、堀際には多門櫓が建っていた。堀の向かい、県民会館が建っているところには、家老階級の武家屋敷が、その南、三之丸の表門の向いには広場を隔てて厩が配置されていた

二之丸の瓦塀覆。２間ごとに控え柱が立てられ、壁には柱際に、鉄砲狭間と矢狭間が交互に開けられている（穴の高さの低いのが鉄砲狭間、高い方が矢狭間）

松江城山を歩く

（文・伊藤ユキ子）

平日の午前中というのに、もう観光客でざわざわしている。松江城天守の国宝指定が平成二十七年（二〇一五）七月のこと。当初の熱気はさすがに落ち着いたようだけれど、指定前に比べれば、訪れる人の数は二割以上も増えているのだという。

そのなかで、馬溜《うまだまり》に気を留める人はどれくらいいるのやら。一辺四十六《メートル》の正方形で、六百四十坪ほど。かつて城下にはいくつか、敵を迎え撃つための広場、勢溜《せいだまり》が配されていたというが、この馬溜で隊列を整えてから駆けつける仕組みになっていたそうだ。が、いま、そこに残るのは、ふたつの井戸の跡と石を並べて

松江城山公園入り口に立つ「国宝松江城天守」の記念碑

大手前付近から三之丸（県庁）と二之丸高石垣を望む

造った水路の跡だけ。猛り立つ甲冑《かっちゅう》姿の武将たちや馬たちのさまは、目をつむって空想するしかない。

そのがらんとした空間の隅っこに、松江城碑が建っていた。石に細かな漢字がびっしりと刻まれている。最初の行で辛うじて読めるのが、松平家十三代当主、直亮《なおあき》(一八六五~一九四〇)の名前。明治の初め、松江城はもはや無用の長物と見なされ、取り壊しの危機にさらされたというが、豪農、勝部本右衛門親子や旧藩士、高城《たかぎ》権八らの尽力によって解体を免れる。とはいえ、ときが経てばしだいに荒れ果て、ぶざまに変わってもいこう。これを憂い、心痛めたのが、直亮だった。明治二十三年(一八九〇)に城一帯を国から払い下げてもらい、修繕を重ねて昭和二年(一九二七)、松江市に寄付したのだと伝えられる。

明治二十三年といえば……。ちょうどその年、お城を目にして文章に綴った人物がいた。松江尋常中学校および師範学校に英語教師として赴任したラフカディオ・ハーン、日本名、小泉八雲である。著書『日本の面影』に描写されたお城は「鉄灰色一色の広大で不気味な形」、「異様な厳めしさ」をたたえていて、細部も「手の込んだ奇怪な作り」、「巨大な仏塔が、二層、三層、四層と、自らの重みでだんだんと押し潰されたかのような姿」と。好意的とは言いがたい表現が辛辣なまで

馬溜跡

堀尾吉晴公像

松江城碑

に連なる。だが、なるほどそうか、と得心した。八雲が仰いだのは、威光などすっかり剥げ落ちた、まさに荒廃しきった天守だったのである。

二之丸へと上がる石段で、観光客にほら貝を吹く「まつえ時代案内人」

石垣のなかにあるハート形の石

分銅文の刻印がある石垣

時代の大波小波をくぐり抜けて国宝指定までに至る、長い道のりを思う。脈々とお城を守り継ぎ、支え続けてきた人々のたぎるばかりの熱意を思う。

手前が一ノ門跡。奥に管理用の門として今の一ノ門が建つ

さあ、天守へ。二之丸へと上がる石段の下で、地侍・福富直二郎さんと合流した。鎧《よろい》、陣羽織と、武者の格好だ。よく目立つ。手に持つ傘は刀を模したもの。水入れの竹筒は手づくりなのだという。「天下一やさしいお城ガイド」を合言葉とする「まつえ時代案内人」のひとりである。

「左側の石垣にハート形の石があるのじゃが、おわかりかな」

おや、口調も、なりきり侍ではないか。

武者姿のガイドとともに天守へ

石段中ほどで、初老の男性が直二郎さんに向かい、あなたの陣羽織の背中の家紋は堀尾家の分銅紋なのかと尋ねる。すかさず愉快そうにうなずき、よくご存じでござるなと。

「じゃが、秀吉公から分銅紋を拝領する前は、抱茗荷紋《だきみょうがもん》であった」

そうして、首にかけているほら貝を手にとり、ここで会うのも何かのご縁、ご多幸を祈って吹いて進ぜようと、勇壮な音色をあたりに響かせた。

直二郎さんの案内で天守に登る

敵の直進を阻む鉤《かぎ》型路とはこういうことなのか、と実感しながら二之丸、そして本丸へ。天守が目の前に厳然と座す。四重五階で地下一階付き、高さは三十《メートル》ほどという。

いつ眺めても、質実にして剛健なる武士と映る。黒塗りの下見板張りが、そう思わせるのか。白漆喰との対比、調和が、控え目だけれど美しい。下見板張りには石落としや、鉄砲を撃ち、矢を射るための狭間《さま》などの仕掛けが、窓を切っただけに見せかけて施されている。破風《はふ》が描く優美な曲線から「千鳥城」の愛称をもつのだが、やはり実践的攻防の備えも盤石な、牢固たる要塞だったのだと思わざるを得ない。

地下１階の井戸。後ろの太い２本の柱には祈祷札（レプリカ）が打ち付けてある

附櫓《つけやぐら》の中へ入った。入口の鉄扉《くろがね》の頑丈そうなこと。もし戦があったなら、盾となって敵の突破をはね返したにちがいない。もっとも、その存在を誇示する機会が一度としてなかったことの幸いを、つくづく思うのだけれど。

靴を脱いで階段を上り、枡形の踊場で向きを変え、また階段を上る。いったいいま、何階にいるのか。壁を成す石を見れば、答えがわかろう。まだ地下一階。ちょうど石垣の内部にいることになる。

かつては「穴蔵の間」と称され、貯蔵庫として塩などが備蓄されていたそうだ。すぐ目に飛び込むのが、大きな井戸。天守の中に井戸とは、珍しい。ここと名古屋城、浜松城にしかないのだという。直二郎さんが、堀尾吉晴公の数々の戦歴を挙げ、兵糧攻めの怖さを熟知しているがこその知恵なのだと説く。

二階ぶんを貫く一本の長い通し柱の多用も、当時の先駆的、画期的な建築工法だったろう。その柱のうちの二本に、祈祷札のレプリカが掲げられていた。井戸の後方、右と左の位置になる。慶長十六年（一六一一）の創建を示し、国宝指定の決め手となった祈祷札だ。

「じゃがな、築城時期が確認できても、それだけでは松江城のものと特定するまでには至らぬ。ところが、だ。祈祷札の釘穴と柱の釘穴とがぴたりと一致した。この二本の通し柱に打ちつけられていたことが証明されたというわけじゃ」と直二郎さん。

そもそも平成二十四年（二〇一二）五月の、祈祷札の発見か

天守１階の最大柱（右）と包板の柱（左）

天守２階。武具や甲冑、障壁画、松平直政公像などが展示してある

らして奇跡的だった。偶然……。いや、国宝指定へと推進する人々の一念が岩をも通したのだと思いたい。釘穴の一致を見た瞬間の心境や、いかばかりだったか。身も震えんばかりの喜びようを想像すると、こちらまで気持ちが高ぶってくる。

　桐の階段の、手摺をつかみ、つかみ一階へ上がった。平成三十年（二〇一八）七月に、内部展示の刷新が完了したそうで、以前よりずいぶん広々、すっきりした印象だ。おかげで、石落としや狭間など、わが手を這わせながら見ることができる。

　直二郎さんが、東西にある「最大柱」を指して、おわかりかなぁと。

「この二本は祈祷札が掛かっていた通し柱じゃ。地下一階から一階へと、二階ぶんを貫いておる。ほかの柱よりもひと回り太かろう？

最も古い柱でもあるのじゃ」

周囲の包板も、天守を支えんと踏ん張っている。芯となる柱に板をはぎ合わせ、鎹《かすがい》や金輪で留めたものだが、まるで必死の形相なのだ。間近で見たら、いっそう凄まじい。割れ隠しや用

3～4階の階段

材不足を補うためのものか。が、強度は増そう。武骨だけれど、力強い。天守の柱の四割余りが包板なのだそうだ。

一階と面積が同じという二階には、歴代藩主にまつわる障壁画が八枚並んでいた。地元の日本画家、安達不傳作という。確か、以前は二十枚あったと覚えているのだが……。展示品がいかに厳選されたかがうかがえる。さらには、木柵が取り除かれた。武具や甲冑、時刻を告げる太鼓といった宝物も、紹介パネルを読みながら、じっくりと鑑賞できる。

三階、四階へと上がっていこう。勾配が急になったと感じるのは気のせいなのか。その桐材の階段にしろ、松材の床にしろ、ピカピカだ。磨き込まれている。公園管理事務所の職員三～四人で、毎朝、丹念に拭き掃除しているのだという。

艶やかな階段は、幅を狭

城下が俯瞰できる最上階「天狗の間」

くし、最上階へと導いていく。十段ばかり上がって踊り場に出、直角に向きを変えてさらに十段ばかり。上がりきった途端、ほの暗かった視界がぱっと明るくなった。望楼、通称「天狗の間」に出たのだ。四方の窓が開け放たれているので、吹き抜けていく風がなんとも心地よい。南西には宍道湖が広がっている。北は緑も清々しい山側だ。地図を見るがごとく、城下が俯瞰できる絶好の高み。それこそ殿さま気分が湧き上がってこよう。

中央には「国宝指定書」が展示されていた。レプリカだが、恭しく額に納められている。「附　祈祷札二枚、鎮宅《ちんたく》祈祷札四枚、鎮物《しずめもの》三点」との記載。その「附」を何とお読みかと、直二郎さんが問う。

「ふ？」

「正解は、つけたり、でござる」

にんまり顔だ。わが町のお城が誇らしくて仕方ないといった心情が伝わってくる。

展示されている国宝指定書（レプリカ）

ぐるりとひと巡りを楽しむ

国宝となった天守が、すなわち松江城だと錯覚しがちだ。が、それも含む城山内をまるごと指しての松江城なのだと、いまさらのごとく思う。

二之丸には三つの櫓《やぐら》が、瓦塀でつなぐように配されている。太鼓を打って時刻や非常呼集などを告げた太鼓櫓、武具が収納されていたと考えられる中櫓、南東方面を監視したであろう南櫓。明治八年、いずれの櫓も解体の憂き目にあい、二束三文で売り払われたそうだ。そのうえ、風呂を沸す薪がわりになったなどという罰当たりな話まで聞いたことがある。昔どおり忠実に復元されたのが平成十三年。以来、きりりとした雄姿で天守にいっそうの重みを添えている。

その南櫓の先、瓦塀が途切れるところにあるのが、南口だ。石段を下り、冠木《かぶき》門を抜けていけば、千鳥橋のほうに出る。

また、松江神社が鎮座するあたりには、かつて奥向《おくむき》御殿があったそうだ。堀尾家、京極家、松平家二代、綱隆公までが暮らした藩主の居住空間である。その真

二之丸の中櫓

千鳥橋につながる南口

松江神社

二之丸の井戸

ん中に建つ御書院では政《まつりごと》が執り行われていたという。廊下で結ばれた御月見櫓では、観月の宴なども風流に催されたにちがいない。さらに、御書院からは渡り廊下を下り、二〜三メートルほど低いところに広がる表御殿の広間にも出向くことができた。そこには台所も設けられていたというから、飲食をともなう会合なども多々開かれたのかもしれない。いま芝生に覆われている広場が表御殿の跡ということになる。

興雲閣

　松江神社の南に隣接するのは興雲閣。装飾的な列柱や、半円をのせた窓が目を引く。城山内では異彩を放つ明治の擬洋風建築だ。後の大正天皇が皇太子時代に、お宿になったこともあるという。明治四十五年（一九一二）の改修当時へと復原されたのが平成二十七年（二〇一五）のこと。白だった外壁も、わずかに緑がかった白へと塗り直された。文化財とはいえ、もっと活用を、との意図からか、一階にはカフェを併設。時間が逆行していきそうな空間で、おいしいものをいただきながらほっとひと息つくこともできよう。

　中曲輪《なかぐるわ》のほうへ向かった。

　並び立つ樹木の大きいこと、本丸へとのびる石垣の高いこと。そんな迫力ある構図の上に仰ぐ天守は、より威厳に満ちていて、雄々しい。多くがここぞとカメラを構える撮影地点でもあるようだ。

　左右の木立がつくる陰のなか、ゆるやかな下り道をのんびり進む。静かな、静かな散策路だ。シラカシやスダジイ……。老木の根が苔むした地表を這うようにのびている。血管が浮き出るほど踏んばって、生をつないでいるようにも見えてしまう。

しばらく行くと馬洗池に出た。文字どおり馬を洗った池だという。中曲輪の北の端あたりになろうか。池の向こうにある、でこぼこした急な石段は、本丸北側の水ノ手門跡につながり、腰曲輪へと導いていくらし

中曲輪から天守を仰ぐ

い。折り重なる石垣は、荒々しさむき出しで、より実戦的な印象を受ける。それもあってか、見上げる天守北面の表情は厳格だ。

馬洗池

水ノ手門跡に上がる石段と石垣

八雲が散策した道を

舗装路となった道を歩いていくと、左手に車椅子用のスロープをもつ石段があった。護国神社である。やけにだだっ広い境内は、北之丸に位置するらしい。松平家三代藩主、綱近公は晩年、このあたりに隠居屋敷を建て、眼病の療養をしながら暮したのだと伝わる。

そして、やや上り勾配の道、五十メートルくらい先の右手に鎮座するのが、城山稲荷神社だ。濃い緑に赤い鳥居、参道端や本殿のまわりにすわるおびただしい数の狐像。大小合わせて何千体おわすのやら。小泉八雲が好んで訪れたというのもうなずける。ただならぬ物語が醸成されているような、空想に遊べるような境内なのだ。八雲は、この社が火災除けにご利益があり、お札が城下の家々に貼られていることなども書き記した。お気に入りだったという狐の石像は……。あった。二代目らしいが、

城山稲荷神社

護国神社

城山稲荷神社の狐の石像

ほっそりとした体に澄まし顔をのせて佇んでいる。また、十二年ごとに斎行される式年神幸祭、日本三大船神事のひとつとされる、ホーランエンヤの神社でもある。五色に飾られた船行列は圧巻だ。あの華々しい錦絵のような祭りが、この城山のこぢんまりとした社から始まるのだと思えば感慨深い。

　さてと、だいぶ歩いた。茶店に立ち寄って、ちょっと一服だ。だんごもいいけれど、暑い、氷イチゴで生き返ろうか。店内の椅子に腰を下ろし、ふーっと息を吐いた。

　近くには、鎮守の森散策路への入口。

城山内にある茶店

鎮守の森散策路

生い茂る木々のなかの小道を、ひとりでぶらりぶらり歩くにはちょっと勇気が要る。だから、つぎは外曲輪の散策路のほうへ向かうとしよう。

　右手の木立の先には堀川遊覧船の光景が見えるはずだが、見えない。そこに根を張る木々の立派なことといったら。樹齢三百年以上の古木も多いのだという。

外曲輪の散策路

季節謳う古木の林を抜けて

後曲輪と石垣とに挟まれたあたりが、椿谷らしい。お殿さまの趣味、あるいは椿油採取が目的だったのやら、ともあれ、約四百五十本もの椿が植わっているそうだ。ナナカマドやイチョウ、クスノキ、ナンジャモンジャ（ひとつばたご）などの大木も。ときおり鳥の鳴き声が響く。やがて蝉しぐれに変わり、秋の虫の音から紅葉、雪景色、赤い椿の絨毯、そして梅、桜のころへ……。城山は、四季折々を謳い上げる自然林でもあるのだ。

低い木々の隙間に堀川遊覧船が見えるようになってきた。左手には　西ノ門のほうへと続く苔むした石段が、樹木に埋もれそうになっている。

さらに二百《メートル》ほど歩いたか、千鳥橋に出た。かつては御殿のあった三之丸と二之丸とを結ぶ、お殿さま専用の「御廊下橋」だったという。が、いまや古色さえ帯び、橋桁に渡した板と板の間から川面がわずかにのぞける箇所もあったりするのだけれど。

この橋にもつながる二之丸の南門あたりから歩き始めたので、城山内をおよそひと巡りしたことになろうか。

城楼溝塁も、自然もそのままに、四百年以上もの時

椿谷

間が堆積する空間を、気ままにそぞろ歩くことができる贅沢。しかも、街なかにあり、頭上に頂く天守は国宝なのだ。そんな松江が抱く幸せに、散策してみてはっきり気づいた。お城は、まるごと味わい尽くさなければ、もったいない。

西ノ門につながる石段

千鳥橋

松江城天守内の主な展示物

北惣門橋の擬宝珠

北惣門橋の復元模型

安達不傳の絵画から見る松江藩

堀尾親子による松江の
城地選定

斐伊川等の治水事業に名を遺す
京極忠高

将軍の名代を務めた松平直政

藩主別荘の楽山を開いた
松平綱隆

松江や牡丹を愛した松平綱近

宮家の姫を迎えた松平宣維

文化５年（1808）の茶町大火

利益を生んだ長崎での
人参輸出

狭間から狙い撃った鉄砲

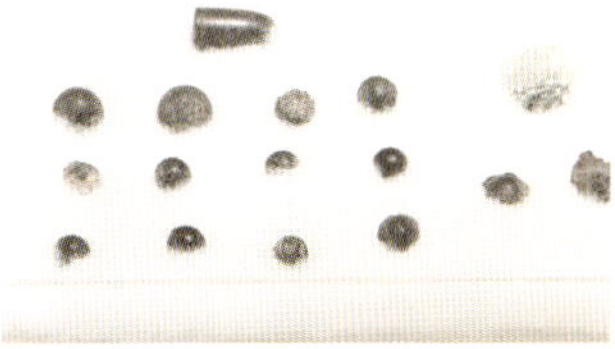

訓練で放った鉄砲玉

後藤又兵衛所用と伝わる甲冑と槍

松平直政公初陣之像

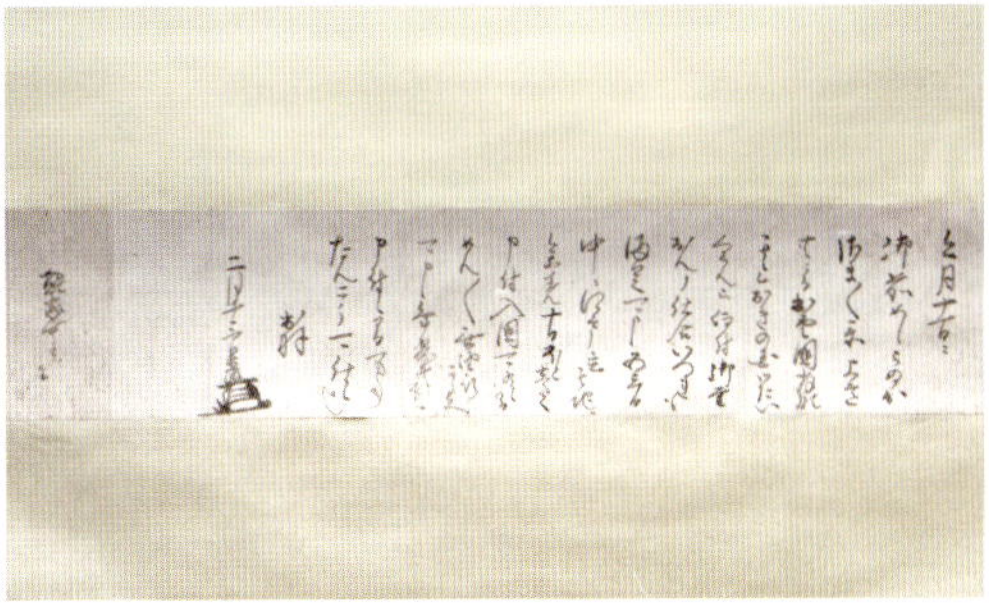

松平直政から家臣への手紙

天守に葺かれた鬼瓦

刻を知らせた太鼓

天守古材

古材小口に刻まれた分銅文の内側に「富」の字がある

堀川をめぐる

（文・伊藤ユキ子）

梅雨の晴れ間、屋根付きの船に乗り込み、城山内堀川に浮かぶ。左手には大手門跡。仰ぐと、石垣は幾層にも折り重なって上へと向かっているように映る。ふわり覆いかぶさる大樹の緑は、むせかえんばかりだ。

遊覧船が滑りだす。速度は、そばを泳ぐカルガモと同じくらいか。吹き渡る風が、水面に縮緬《ちりめん》模様をつくる。その風のさわやかなことといったら。じつに心地いい。

船頭さんが乗り合う船客に、救命胴衣の着用が義務づけられていないのはなぜなのかと問うた。一様に首を傾げると早々に答えが告げられる。立つことができるほど水深が浅いからなのだと。三〇センチのところさえあるという。もともと三メートルはあったそうだけれど。

左には石垣の、大小の石、石。築城のとき、

堀川から見る松江城天守

北惣門橋脇の船着き場跡

堀端の石垣

切りだし、運び、積み上げていく労苦はいかばかりだったか。その壁面は長く、だが、平らかではない。中ほどに出っ張りがある。侵入しようとする敵に死角を与えないよう、左右を見張るための造りとか。堅固な防塁たらんと意志をもって両手を広げ、立ちはだかっているようでもあるが、幸い、その役割を果たす機会はついぞなかった。戦《いくさ》がなかったおかげもあり、往時そのままのお城を観ることができるのだと手を合わせたくなってしまう。

右のほうを見やる。船からの視界は下三分の一〜半分ほどが川だ。その上に松が連なり、通りがあって、空となる。水と緑のある風景はこうも心和ますものなのかと、ゆるゆる運ばれながら思う。すぐ先の、いぶし瓦を葺《ふ》いた建物は……。松江歴史館だ。平成二十三年の開館というが、堀端の情趣に溶け、昔からそこにあったように佇んでいる。

北惣門《きたそうもん》橋をくぐった。葱《ねぎ》の花形の擬宝珠《ぎぼし》を付けた木の橋である。すぐ脇の石垣の間に、川へと降りる石の段々。船着きの名残

松江歴史館

だそうだ。人や物資が盛んに行き来していたころを物語るには、年を経過ぎて丸みを帯び、いびつになってしまった。だが、その枯れた趣がまた、味わい深い。

　船が堀端の楕円形をなぞり、左に大きく曲がった。北惣門橋と直角を成す、似たような木の宇賀橋を背に進んでいく。

堀川に遊ぶアオサギ

水面に縮緬模様をつくりゆるゆると進む遊覧船

塩見縄手

塩見縄手を眺めながら

曲がってほどなく石垣が途切れた。この先は、エノキやハゼ、ヤブツバキなど、鎮守の森の大樹たちがお城を護る。

おや、置物と見えたアオサギがひょいと羽を広げた。と思うや、意表を突かれた私の目の高さを飛んでいく。こんどは行く手に勢いよく水しぶきがあがった。飛び跳ねたのはボラだと船頭さんが話す。

右手、川辺には、アジサイの薄紫やカンナの黄などの彩。朱色の花はヒオウギズイセンなのだろうか。その上に立派な枝ぶりの松が連なる。通りは、塩見縄手だ。ここぞ城下町松江の、伝統美観的な顔とも称えられるところである。船頭さんの声音にも、どうだ、と言わんばかりの得意さがにじむ。

「ほら、武家屋敷が見えてきました。これが長屋門。門番など使用人の住居でもあったのですね。掲げられている提灯と提灯の間、奥が主の住まいです。そう、奥が。見えますか」

この屋敷に一七〇〇年代、五十年ほど暮らしたのが、塩見家。松江藩の家老にまで上り詰めた武家だったという。通りの名の由来だ。縄手とは、細くて長いまっすぐな道のこと。実際、道幅は昭和の初めころまでいまの半分くらいだったらしい。

屋敷の前の川沿いに、大きな老松が枝をくねらせ、水面に倒れ込むように立っている。その姿から「肘付き松」の名があり、樹齢は三百年を超えるそうな。

「松に目や耳、口があれば、お侍さんが歩き、駕籠《かご》かきが走っていたころのことを、ぜひ語り聞かせてほしいものですよねえ」

時代劇でも撮影できそうな景観を堪能しながら、船頭さんの言葉に深くうなずく。

それにしても端正な眺めだ。下見板張りと白漆喰の塀による統一感が、何はともあれ美しい。小泉八雲旧居や、その記念館などもここに軒を連ねる。

武家屋敷

うっそうとした木々に囲まれて

稲荷橋

いまと昔が交わったり離れたり

船はふたたび左へと曲がり、稲荷橋へ。城山稲荷神社のほうへと架かる橋だ。くぐり抜けたら、急に川幅が狭くなった。うっそうと茂る木々の枝葉が船縁《ふなべり》まで迫る。宿り木をいっぱい付けた大樹はエノキらしい。

亀田橋をくぐる手前で、船頭さんがひと言断り、マイクを切った。川の中にも「お静かに」の注意書き。右手を見上げ、民家の裏手ぎりぎりのところを航行しているのだと知る。あっ、枝葉が船の屋根をこすった。が、素っ頓狂な声など発すまい、ひっそりと、静々と……。トンボが二匹、川で遊んでいる。

ふたたびマイクが入ったのは、県立図書館にさしかかるあたり。そこはかつて、松江藩の御花畑だった。つまり薬草園だったという。左は県庁だ。お殿さまの御殿があった三之丸跡に建つ。松江市殿町一番地という住所からして誇らしげではないか。周辺

船はツタに覆われた橋の下をくぐっていく

はいまも昔も、お国の政の中心地なのである。

船は外堀へと出た。やがて前方に見えてきたのが、ツタに覆われている橋。が、厄介なのはつぎの橋だった。川幅を二分しているため、船縁すれすれを行くことになる。しかも、橋桁《はしげた》の位置が低い。さあ、船自慢の仕掛けの見せどころである。船頭さんの指示にしたがい、みんな思い思いの格好で身を伏せた。ぐぐーっと可動式の屋根が下がってくる。愉快、愉快。

無事くぐり抜けるや、船頭さんがお国言葉で礼を言った。

「だんだんねえ」

くぐる橋は十七あるが、そのうち四つで屋根を下げるのだと話す。

船は京橋川へ。あたりはもう繁華な街なかだ。しだれるヤナギが風に揺らめいている。昔は右手が町人町で左手が侍町だったと船頭さん。両岸のそこここから石段が降りていて、川の水がきれいなころは、顔を洗ったり、米を研いだりしたものだという。船から石段の痕跡がいくつか見えた。とうの昔に役目を終えた遺物なのだけれど、松江の貴重な語り部にはちがいない。

そうこうするうちカラコロ工房の前を通り過

堀端に咲くアジサイ万華鏡

八雲の怪談『小豆とぎ橋』のレリーフ

ぎ、左に曲がって米子川に出た。川沿いの花々が歓迎してくれている。緋色のサルビア、赤紫のミソハギ、黄のハルシャギク、薄紫のアガパンサス、新種のアジサイ万華鏡まで……。花々の手入れをするのは船頭さんたちなのだと聞いた。

船はまた左に曲がり、屋根を下がるところまで下げて普門院橋をくぐる。すると左手に、火の玉とともにぬうっと現れ出でたのが女の幽霊。いや、小泉八雲が著した怪談『小豆とぎ橋』のレリーフである。とすれば、幽霊が持つ箱の中に入っているのは、禁忌を犯した侍の、子の生首か、「キャ〜」なんて……。

ほどなく船頭さんが、ひときわ意気揚々と「ご覧ください！」。左手、水と濃い緑越しに松江城天守の威容を仰ぐことができた。気恥ずかしいくらい絵になっている。

天守に見惚《みと》れつつ、北堀橋、宇賀橋とくぐり抜けたら、大手前広場の発着場はもう目の前だ。船頭さんが出会いの縁を喜び、「堀川音頭」を唄ってくれる。夏には風鈴、冬にはコタツ。船にも四季それぞれの味わいがあろう。

往時の余韻のなかで、いまと昔が交わったり離れたり。たっぷり楽しんだ約五十分の船旅だった。堀端に、船頭さんに、こちらこそ「だんだんねえ」である。

堀川から見る松江城天守

堀川めぐりお問い合わせ先
堀川遊覧船管理事務所
電話　0852・27・0417

松江城の歴史

（文・西島太郎）

関ヶ原の戦を経て堀尾氏の松江築城

出雲国

日本海に面した山陰地方の中央部に、かつて出雲国《いずものくに》があった。今の島根県の東部にあたる。出雲国の中心地として松江が登場するのはそう古い事ではない。松江城築城を語るには、まずなぜ松江の地が選ばれたのかを知る必要がある。

京極・尼子・毛利各氏

出雲国は室町時代、京極《きょうごく》氏が守護を務める地であった。京極氏は出雲のほか隠岐・飛騨・近江の四か国の守護職を持っており、主に京都に拠点をおいていた。出雲の地はもともと国内の伝統的勢力が強く、その伝統的勢力に権限行使を委ねていた。

一五世紀前半に、近江国に出自をもつ尼子《あまご》氏が出雲へ入り、国内の伝統的勢力と対抗した。戦国時代、京極氏は近江と出雲を拠点とする二派に別れ争う。そして出雲を拠点とする一方の京極氏の守護権を継承し、勢力を拡大し戦国大名となったのが尼子氏であった。

月山富田城

尼子氏が拠点としたのは、能義郡富田（現安

来市広瀬町）の月山富田城であった。ここを拠点として尼子氏は一時、中国十一カ国に勢力を及ぼす。しかし、安芸を拠点とする毛利氏により尼子氏が滅ぼされると、毛利一族である吉川広家が富田城を拠点に支配する。しかし、吉川氏は、富田城には入ったものの新たな拠点を模索する。それは富田城が山城であり、山麓は狭く城下町を広くとることができず、日本海や中海からも遠く水運・交通の便が良くなかったこと、さらには新しい武器である鉄砲に対する防御が弱かったためである。吉川氏は、天正十九年（一五九一）に富田とは別に、毛利領国となっていた伯耆国（現鳥取県）西部の日本海に面した米子に城を築き始めた。毛利氏は山陰支配の拠点を、米子に定めようとしていたのである。

堀尾氏

ところが慶長五年（一六〇〇）、天下分け目の戦いとなった関ヶ原の戦で、西軍大将の毛利氏は徳川家康を中心とする東軍に敗れ、毛利領国は長門・周防の二か国に縮小された。これに伴い米子城築城も中止となった。徳川家康は東軍についた堀尾忠氏《ほりおただうじ》に恩賞として出雲・隠岐両国二十四万石を与えた。堀尾氏は尾張国（現愛知県）出身で、忠氏の父吉晴《よしはる》は豊臣秀吉子飼いの武将として、秀吉の出世と共に大名となった。当主忠氏（二十三歳）は遠江国（現静岡県）浜松十二万石の城主であったから、禄高が倍増しての出雲・隠岐入国だった。

城地選定

堀尾忠氏も当初、富田城に入った。しかし、毛

室町時代の中海周辺。右側に末次と白潟を結ぶ大橋などが見える ＝『大山寺縁起（模本）』（東京国立博物館蔵）より
Image: TNM Image Archives

利氏と同じ理由で、新たな拠点づくりを模索する。吉川氏が移ろうとしていた米子城のある伯耆国は、中村一忠に与えられていた。そのため堀尾氏は、出雲・隠岐両国内で新たな拠点を探さざるを得なかった。

白潟・末次

吉晴・忠氏父子は、室町時代から出雲国内で栄えていた商業地である白潟《しらかた》と末次《すえつぐ》の地に目を付ける。宍道湖《しんじこ》の喉咽部《こういん》にあたる砂州上にできた町である。遠く中国大陸にまでその名は知られていた。この町を取り込むことを念頭に、城地は選定された。

床几山

伝承であるが、堀尾父子は、松江の南にある床几《しょうぎ》山《さん》から北を望み、城を築く場所を探した。しかし、二人の意見は分かれ、吉晴は荒隈山《あらわいやま》を、忠氏は亀田山《かめだやま》を推した。決着をみないまま直後に、忠氏は二十八歳の若さで亡くなる。忠氏亡き後、堀尾家を継いだのは、わずか六歳の三之介（後の忠晴《ただはる》）であった。吉晴は亡き息子の遺志を継ぎ、忠氏が推した亀田山を城地と定め、孫の忠晴の後見役として城と城下町の建設に邁進《まいしん》するのである。

堀尾普請

織田や豊臣氏の築城技術は優れていた。堀尾吉晴の場合、それまで徳川家康が居城としていた浜松城は、土塁と木の屋根をもつ屋敷からできた土の城であった。これを吉晴は、石垣を造り、瓦屋根をもつ屋敷、そして天守をもつ城へと造り替え、防禦の点で優れた城造りを行った。また、浜松城で天守の中に井戸を据えた点も、松江城天守内に井戸

堀尾忠氏木像（春光院蔵）

堀尾吉晴木像（春光院蔵）

堀尾忠晴木像（圓成寺蔵）

を据えた点で活かされている。

吉晴は秀吉を驚かせるほど土木工事に優れ、「堀尾普請《ふしん》」と言われた。軍学・易学に優れた小瀬甫庵《おぜほあん》が、松江城の基本設計である縄張りを考えたと伝えられている。近年、甫庵が出雲国での太閤検地を担当し、この地へ来ていたことが検地帳の記載から明らかとなった。

城下町造成の工夫

城下町は、白潟・末次の町場の北方、亀田山の東西に開ける湿地帯を埋め立てることで生み出そうとした。そのため排水のために堀を設けるというだけでなく、掘り出した土を埋め立てに使い、城郭の堀本来の役割である防禦の役割をも果たそうとした。さらに、亀田山北の稜線を切り抜いて堀とし、防禦と排水と盛土の採取を目指す大土木工事を行ったのである。

松江城の築城

吉晴が松江を拠点とし、城の築城と城下町の造成に着手したのは、慶長十二年（一六〇七）であった。一年目は道路や橋の整備を、二年目は本丸や天守の石垣、そして内堀の造成に取り掛かった。三年目は天守や大手口堀の石垣、二之丸御殿に着手、四年目に天守および二之丸御殿が完成したと伝えらえる。この度再発見された祈祷札の年号からも明らかなように、五年目の慶長十六年正月に天守落成の祈祷が行われたのである。五年目に城下町もほぼ完成したと伝えられる。

吉晴の意志

五年目の六月一七日、松江城築城を推し進め

松江城築城風景（松江歴史館蔵映像より）

た堀尾吉晴が六十九歳でこの世を去った。この功績を以て、吉晴を「松江開府の祖」と現在では呼んでいる。松江城天守は完成したが、大手口のある城の東側には重厚な石垣があるにもかかわらず、西側には石垣は築かれなかった。吉晴が没したことで、松江城の城郭の整備は中断されたと見ることができ、多大な経費と労力を要する城の築城と城下町造成のためには、何よりも吉晴の強い意志が必要であったのである。

松平氏が城主に、城の修理も

天守の傾き

堀尾氏二代、京極氏一代が城主となった後、松平氏が城主となる。島原・天草一揆（島原の乱、一六三七・三八年）直後、外様しかいない中国地方に幕府は、徳川家に連なる人物を送り込んだ。徳川家康の孫にあたる松平直政《なおまさ》である。この時、大工頭として直政に仕えていた竹内右兵衛《うへえ》は、天守が傾いていることに気付き、修理したと伝わる。

江戸時代の修理

江戸時代を通じ何度か部分的に天守の修理が行われた。一七世紀では附櫓や北側張出の破風が部分修理されている（一六七六、一七〇〇年）。また、元文三、四年（一七三八、三九）には、最上階の屋根や垂木《たるき》、その下の三重屋根も修理し、一九世紀にも同様の修理がなされている。天守上層部に風雨による破損は多かった。

藩政の舞台

松江城の城郭は本丸・二之丸・三之丸に大き

松江藩の馬印（松江歴史館蔵）

松平直政初陣図（陶山勝寂筆）（松江市蔵）

く分かれる。当初、二之丸の御殿で政務は執られていたが、松平氏になってから三之丸へと政務の中心は移る。今の島根県庁がある場所である。この三之丸御殿には、奥に殿様が居住する空間があり、表に政務を執る空間があった。

成功させた藩政改革

松江藩政において他藩にない特徴は、藩政改革を成功させたことである。成功へと導いた殿様は、茶の湯の世界に大きな足跡を残した松平治郷《はるさと》（不昧《ふまい》）である。父宗衍《むねのぶ》の改革の失敗を教訓に、治郷は利子がかかる借金をせず、江戸屋敷の経費節減、人員整理、借金破棄などの諸政策を行った。これにより藩財政は持ち直し、治郷の代で約半分の借金を返済して、七十二年間で四十九万両を完済した。藩財政は黒字財政となり、幕末には西洋軍艦二艘を他藩より早い段階で購入するまでに至る。

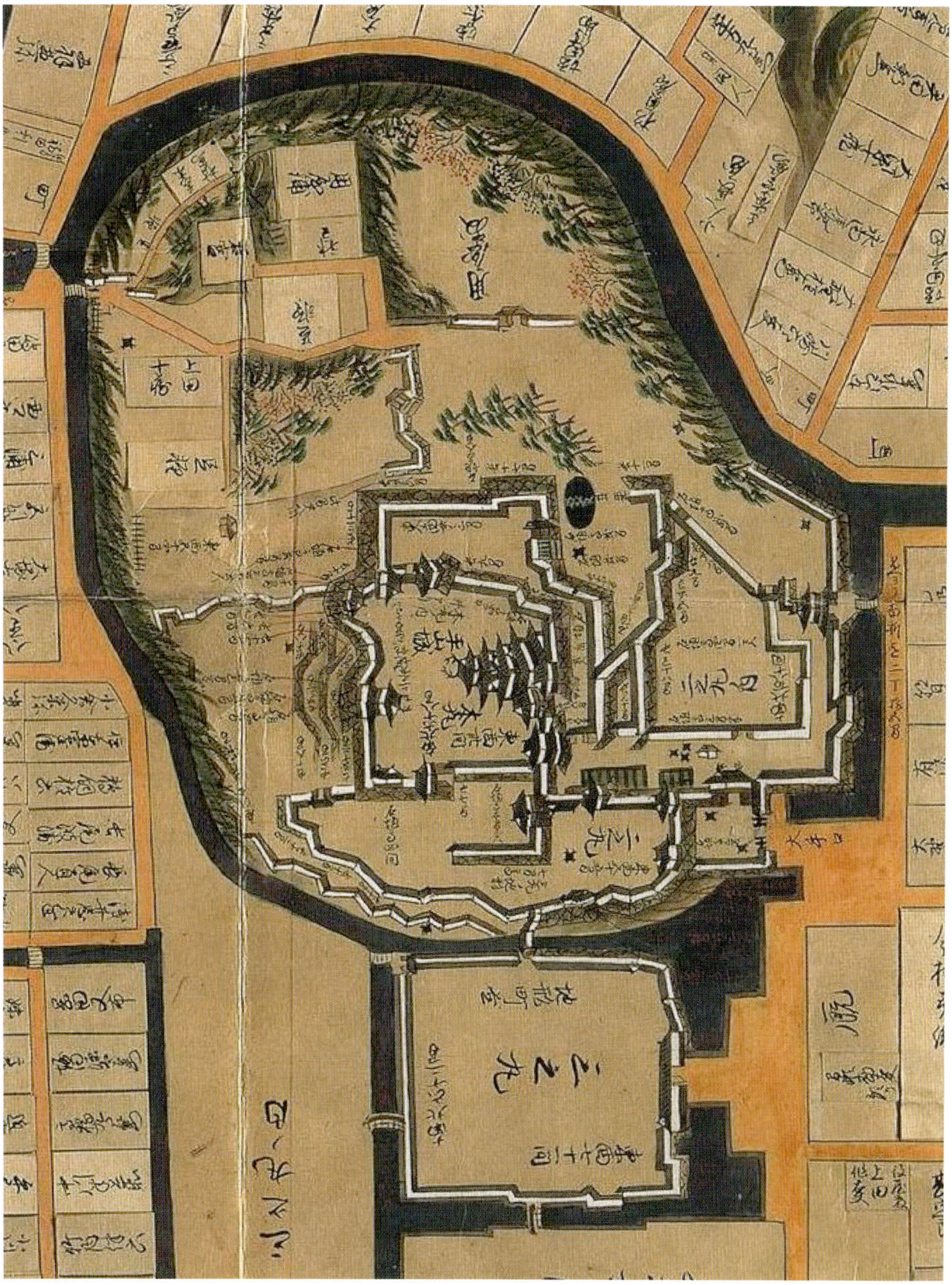

延享年間の松江城絵図（島根県立図書館蔵）より　城郭部分

揺れ動いた松江城の運命

松江城の明治維新

明治二年（一八六九）、全国の藩主が旧来領有していた土地と人民を朝廷に返還した版籍奉還により、松江城は明治政府の陸軍省の所管となった。さらに、廃藩置県（明治四年）により松江藩も無くなった。二百六十年間、松江の殿様が統治の拠点とした松江城の運命は、明治政府の手に委ねられたのである。

松江城の売却

明治六年の「廃城令」は、松江城の命運を決定的にした。伝わるところによれば、全国の諸城が売却され解体されるなか、松江城も明治八年に天守を除く全ての建造物が四～五円で払い下げられ、無くなった。天守も入札にかけられ百八十円で売却されたという。天守を燃やして釘など焼け残ったものを利益とする考えがあったが、城下が火事になるのを恐れた城下の住人の反対にあった。天守が無くなるのを悲しんだ旧松江藩の下級藩士の高城権八《たかぎごんぱち》は、出雲郡出東村（現出雲市斐川町）の豪農である勝部本右衛門《かつべもとえもん》と共に、天守だけでも残そうと百八十円を立て替えて買い戻すことに成功した。

明治時代の松江城

明治 25 ～ 27 年ごろに撮影された松江城天守。明治 25 年の暴風雨で屋根などが破損したが、明治 27 年には市民の募金で修理された

国宝指定をめぐる動き

明治の大修理　明治二十二年（一八八九）に、島根県知事により松江城天守閣景観維持会が設立され、翌年には旧藩主松平家が市民の公園とするため城内（三之丸除く）を国から買戻し、天守を中核に整備していく機運が盛り上がった。そして市民の有志により天守修繕計画が打ち出され、市民の寄付によって明治二十七年、天守の大修理が行われた。

国宝から重要文化財へ　昭和二年（一九二七）、松平家が城地を松江市へ寄付し、同九年には国の史跡となった。翌年、国宝保存法により天守は国宝に指定される。しかし、戦後の昭和二十五年（一九五〇）、文化財保護法制定に併せ、天守は国宝を解除され重要文化財となった。この時点では、創建年が後世の伝聞でしかなく、構造上の特質も見出されていなかった。

昭和の大修理　この年から五年をかけ天守の大規模な保存修理が行われた。いわゆる昭和の大修理である。これは天守を完全に解体し、天守台の石垣も一部解体しての大修理で、この時、鎮宅《ちんたく》祈祷札や鎮物《しずめもの》など、天守築城時の資料が発見された。また、膨大な解体修理にかかる記録が作成され、解体前の状態を知る手がかりが残された。

松江市の陳情　天守が国宝を解除され重要文化財になったのは、昭和の大修理として解体開始のわずか三か月後のこと

昭和 25 年から行われた松江城天守の大修理

であった。これに対し松江市は翌年、国へ国宝指定の陳情を行い、また大修理が終わった直後にも再度陳情している。四年後（一九五九年）にも、市議会が国宝指定促進の決議を採択し、国へ陳情を行ったが国宝となることはなかった。

市民運動　平成に入り、松江市では、平成十九年（二〇〇七）から五年のあいだ開催された開府四〇〇年祭によって、松江城を築城した堀尾氏への関心が高まった。この間、平成二十一年に松江城を国宝にする市民の会が設立された。国宝化を求める十二万八千四十四人分の署名を集め、翌年十月に市長と市民の会代表が要望書を文化庁長官へ提出した。しかし、文化庁からは「新たなる知見」を求められた。

学術調査　そこで松江市は松江城調査研究委員会を設置、元建築史学会会長で神奈川大学名誉教授の西和夫氏を委員長に、松江市史編纂室も関わり、徹底的な学術調査を行った。それは昭和の大修理の膨大な記録を丹念に読み込むことから始まった。その結果、二階分の通し柱を用いることで上階の重さを分散させ、下階へ伝える新たな工法を用いた、天守の構造的な特徴が明らかとなった。

国宝へ　さらに、所在が不明であった二枚の祈祷札が近くの神社から再発見され、天守地階の柱の釘穴と祈祷札の釘穴との一致から、祈祷札に記されている慶長十六年正月に天守は完成したことが証明された。この二点が決め手となり、平成二十七年（二〇一五）五月十五日、国の文化審議会は松江城天守を国宝に指定するよう下村博文文部科学大臣に答申し、七月八日に官報告示され、正式に国宝指定された。これに併せ、築城時の資料である祈祷札《きとうふだ》二枚、鎮宅《ちんたく》祈祷札四枚、鎮物《しずめもの》三点も附《つけたり》指定を受け国宝となった。重要文化財となってから六十五年目のことであった。

天守の展示品リニューアル　平成三十年（二〇一八）八月から、天守内の展示内容がリニューアルされた。天守内部に置かれていた展示品が大幅に減らされたことにより、築城当時の建物内部の様子がよくわかるようになり、ほぼ全ての建築構造も見ることが可能となった。さらに、解説パネルの内容も平易となり、照明にも工夫がなされている。

国宝指定を祝い、松江城天守の前を神輿を担いで練り歩く松江天神神輿メンバー

松江城略年表

和暦	西暦	事　件	松江藩および松江城に関わる事項
慶長5	1600	関ヶ原の戦	堀尾忠氏、出雲・隠岐両国を拝領
9	1604		堀尾忠氏死去
12	1607		松江城の築城と城下町の造成開始
16	1611		正月、松江城天守完成 6月、堀尾吉晴死去
寛永10	1633		堀尾忠晴死去。堀尾家断絶
11	1634		京極忠高、出雲・隠岐両国を拝領
14	1637		京極忠高、死去
15	1638	島原・天草一揆	松平直政、出雲国を拝領（隠岐国預かり）
延宝4	1676		天守附櫓破風の修理
元禄13	1700		この頃、天守の部分修理
享保2	1717		松江城石垣修繕
4	1719		この頃、天守内の柱に包板を添えるなどの補修がなされる
5	1720		松江城石垣修繕
元文2	1737		この頃から天守の修理が本格的に行われる（～1743年）
寛延1	1748	出雲国地震	二之丸石垣修繕
安永7	1778		松江城石垣破損
文化10	1813		城内各所修復
12	1815		天守の修理
天保3	1832		松江城石垣の補修
明治1	1868	明治維新	
2	1869	版籍奉還	松江城、陸軍省の所管となる
3	1870		天守屋根修理
4	1871	廃藩置県	松江藩を廃して松江県を置く
6	1873	廃城令	城内で勧業博覧会が行われる
8	1875		松江城廃城。天守のみ残る（180円）
21	1888		天守の修理
22	1889		松江城天守閣景観維持会設立
23	1890		松江城地が第五師団から松平家に払い下げられる（4500円）
25	1892		天守を部分的に修繕するが、天守の痛みひどく話題となる
27	1894	日清戦争	天守の修理（明治の大修理）
32	1899		二之丸に松江神社を創建
36	1903		二之丸に城山御旅館（興雲閣）完成する
昭和2	1927		松平家、城地を松江市へ寄付
6	1931	満州事変	
9	1934		城地、国の史跡となる
10	1935		国宝保存法により天守、国宝に指定される
20	1945	太平洋戦争終戦	
25	1950		国宝保存法の廃止および文化財保護法の施行により、天守は重要文化財に指定される 天守の修理始まる（昭和の大修理。～1955年）
平成19	2007		開府400年祭開催（～2011年）
21	2009		松江城を国宝にする市民の会設立
24	2012		天守創建時の祈祷札2枚が再発見される
27	2015		天守、国宝に指定される

松江城ゆかりの人々

（文・西島太郎）

松江開府の祖　堀尾吉晴

天文十三年（一五四四）、堀尾泰晴の子として尾張国御供所村《ごごしょ》（現愛知県丹羽郡大口町）に生まれた吉晴は、父の仕えた岩倉織田氏が織田信長により滅ぼされ、一時牢人となった後、豊臣秀吉に仕えた。秀吉のもとで長篠《ながしの》の戦（一五七五年）、備中高松城攻めに出陣し、山崎の戦（一五八二年）では天王山を占拠して明智光秀を敗走させ、賤ヶ岳《しずがたけ》の戦（一五八三年）、小牧長久手《こまきながくて》の戦（一五八四年）にも参加した。秀吉の信任厚い吉晴は、近江佐和山四万石、次いで遠州浜松十二万石の大名へと出世した。

堀尾家の家督を継いだ子の忠氏が、関ヶ原の戦（一六〇〇年）で出雲・隠岐両国二十四万石を家康から与えられ、遠州浜松から出雲国富田（現安来市広瀬町）へと入国する。しかし、藩政の基礎固め半ばで忠氏は病没する。子に先立たれた吉晴は、松江を領国支配の拠点に定め、浜松での城づくりの経験を基にして、孫の忠晴と共に、城と城下町を完成させた。吉晴が六十九歳で没した年・慶長十六年（一六一一）に、藩士の富田からの松江移住が完了し、城下が完成したと伝わる。

堀尾吉晴肖像画（春光院蔵）

堀尾吉晴の妻・大方様の活躍

松江城築城から約八十年後に書かれた『千鳥城取立古説』（作者不明）に載る話である。堀尾吉晴には「大方様《おおかたさま》」と人々から呼ばれた妻がいた。この女性はとても聡明で、築城の妨げとなることを取り除くことを率先して行った。速やかに工事が進むように家老達と相談し、もち米を取り寄せ、餅つき小屋で餅を作り、女中たちに売らせた。この餅は労働者だけに与え、かつ通常のものより大きかったので良く売れた。というのも大方様が特別に必要だというので、もち米が安く多く手に入ったためであった。

また、大方様は野袴《のばかま》を着て、一日に三度、長刀《なぎなた》を持った女中二人と侍一人、鉄炮衆三人をお供に、築城の現場を見回り、喧嘩や不作法者がいないか見回った。

工事では石垣の石を運ぶ者が不足しがちであった。そのため大方様は家中の女性を雇って、大きな握り飯を作らせ、石取の労働者が石を一度運ぶと一つ握り飯を労働者に与えた。そのため、一度来たものは二度三度と石を運んだので、工事が速やかにはかどったという。

大方様餅くばりの図（安達不傳画、松江市蔵）

開府の立役者　田中又六

松江開府を語る時、忘れてはいけない人物がいる。堀尾吉晴・忠氏父子の城地選定に、現地の案内役を務めた百姓又六である。

又六の家は、もと能義郡富田郷の百姓であった。堀尾氏は広瀬の富田から松江へ城替えを行った時、城地の見立てに又六を召し連れ、又六に土地の様子をいろいろと尋ねた。城の完成までの間も又六は、諸御用を仰せつけられ、無事に務めを果たすことができた。

又六が重宝されたのはなぜか。山陰地方では、酒の小売屋のことを又六と今でもいう。広瀬の酒屋として天正六年（一五七八）以来続いているという田中屋又六がいる。田中屋は江戸時代、松江城下にも家を持ち、家主として借家を営んでいた。堀尾氏は田中一族が酒屋業で培った財力を頼みにしたのである。江戸末期に描かれた富田城下町図にも「田中金持」と記され、田中氏は富田城下の有力者と認識されていた。

城と城下町の完成後、又六は富田から津田村への移住を、藩主堀尾忠晴より命ぜられる。ただし、望むだけの空地を与えられ、津田村の屋敷地や免税地、さらには松江城の余材で造った、竹木等を植えた屋敷を拝領した。参勤交代時には、家の門前で殿様に御目見《おめみえ》を果たし、殿様へ湯茶などを出して休息する水茶屋をも勤めた。堀尾氏だけでなく、松平氏も江戸時代を通じ同様の扱いであった。田中又六は、松江開府を支えた陰の功労者であった。

床几山から堀尾父子が城地を選ぶときに付き従う田中又六（右下の人物）（安達不傳画、松江市蔵）

今も津田街道沿いに残る田中又六家門前のエノキ。ここで藩主を出迎えた＝松江市東津田町

松江藩政の指針を示した京極忠高

京極忠高肖像画（清滝寺徳源院蔵）

二代続いた堀尾氏が改易となり、寛永十一年（一六三四）に京極忠高《ただたか》が出雲国へ入国した。出雲・隠岐二十六万四千二百石だけでなく、その後、石見銀山や石見国二郡（邇摩《にま》・邑智《おおち》）四万石も預けられた。松江藩主堀尾・京極・松平三者のなかで、最大の領主が京極氏だった。

忠高はその利点を生かし、新田開発に力を入れ、開発を確実にするための大規模な河川改修を、積極的に行った。彼自身、幕命による土木工事請負の常連であり、若狭国統治の頃から蓄積した土木技術を使い、斐伊川（出雲市）・伯太川（安来市）の大土手を造った。この土手を人々は、京極若狭守《わかさのかみ》忠高の「若狭守」を採って「若狭土手《わかさどて》」と呼んだ。

この大土手に対する忠高の自信は、前藩主堀尾氏が二十六～二十七年間も禁止していた、鉄穴流《かんなが》しを認めたことにも現れている。中国山地は古来より、鉄の原料を産出するたたら製鉄が盛んで、水流を利用して、鉄と砂を選り分ける鉄穴流しが、江戸時代初頭から流行りだす。これを認めると、下流に大量の土砂が流れ、川底が浅くなり、川が氾濫しやすくなるため問題となった。鉄穴流しを解禁するという鉄山政策の転換は、忠高による殖産興業《しょくさんこうぎょう》政策の一つだったのである。

忠高が着手した斐伊川の若狭土手＝出雲市武志町

松平家230年の礎を築いた松平直政

京極氏はわずか一代の三年半で嗣子《しし》なく改易となった。この時、九州では島原・天草一揆（島原の乱、一六三七・三八年）が起こり、外様《とざま》しかいない中国地方に幕府は、徳川家康の孫にあたる松平直政《なおまさ》（一六〇一—一六六六）を送り込む。

この直政には、母の月照院《げっしょういん》、そして名将・真田幸村との、次のようなエピソードがある。

慶長十九年（一六一四）、徳川家康が大坂城の豊臣秀頼を攻めた。大坂冬の陣である。この時、直政は十四歳。兄松平忠直《ただなお》のもとで初陣を飾った。この初陣を前に、直政の母・月照院は、直政を励まし、月照院自ら、甲冑の下に着る服を縫い、布に墨で丸を書いて直政の馬験《うまじるし》として与えた。また、名香《めいこう》を懐中に入れさせ、名が後世に薫《かお》るよう願った。以後、松江松平家の幟《のぼり》や旗指物《はたさしもの》は紺地に日の丸となる。

直政の初陣は、真田幸村が護る真田丸攻めであった。越前松平家や加賀前田家が攻めあぐねるなか、一人、直政は先がけし、真田丸の堀に乗り込み木戸際に攻め寄ろうとし、人々を驚かせた。家臣の天方《あまかた》通総《みちふさ》も矢面《やおもて》に立ち主人を護り、また直政も家臣を護って、六、七度と矢面を争った。幸村はこの光景を城内より見て感じ入り、弓を射させず、櫓から軍扇を直政に投げ与えたのであった。

（以上「松江藩祖直政公御事蹟」）。

その後、直政は信濃国松本城主七万石の大名となり、寛永十五年（一六三八）には出雲国十八万六千石を幕府から拝領し（隠岐国は預地）、松江城主となった。京極氏が行おうとして半ばで潰えた事業の多くを直政は引き継ぎ、完成へと導く。

直政が居城とした松本城と松江城は、現存する十二天守のうちの二つを占め、その双方ともに国宝となっている。

島根県庁前庭にある松平直政騎馬像

藩政改革を成功させた松平治郷（不昧）

茶の湯世界にも大きな足跡

松平治郷（不昧）肖像画（月照寺蔵）

茶の湯の世界に大きな足跡を残した人物としてよく知られている松平治郷《はるさと》（不昧《ふまい》・一七五一―一八一八）は、藩政改革を成功に導いたという点でも、他に類の見ない殿様であった。治郷の父・六代藩主宗衍《むねのぶ》は延享の改革を断行したが、その政策の多くは失敗に終わった。家督を継いだ明和四年（一七六七）から治郷は、家老の朝日丹波と共に新たな藩政改革に取り組み、成功させる。

治郷（不昧）は茶道具、焼き物、和菓子といった今に息づく茶の湯の文化を残した。十七歳の頃から茶道を学び始め、十八歳の時に将軍家や大名家の茶法・石州流の茶道を正式に学び、十九歳で禅学を江戸の大徳寺派の天真寺の大巓《だいてん》和尚に学ぶ。

そして二十歳にして、茶道界の現状を批判しながら茶道の本意を説いた「贅言《むだごと》」を著した。藩主として藩政改革の最中であったことが背景にある。奢侈にならない「知足の道」を説き、茶の湯が治国の道にも通じること、堕落した茶道界の現状を批判して茶道の根本を説いた。「味《くら》まされず」という意味のある「不昧《ふまい》」の号は大巓和尚に決めてもらった。治郷は茶道と禅道は違うものであるが、茶道の理想とする人間像や美が、禅のそれと同等なため両者は一味であるとする「茶禅一味」の境地に到る。また、茶道具を徹底的に研究し、大名物《おおめいぶつ》・中興名物等に現在でも生かされている分類を行った。さらに、茶の湯を通じ、工芸など様々な分野で職人の育成に努め、自らの好みにそった名品を創作させ、茶席にあう趣向を凝らした和菓子を生み出した。松江藩の産業と文化を育てたのが治郷（不昧）であった。

松江藩歴代藩主

堀尾《ほりお》　吉晴《よしはる》	松江開府の祖

藩　主	在　位（西暦）
堀尾　忠氏《ただうじ》	1600年11月－1604年８月
堀尾　忠晴《ただはる》	1605年　　－1633年９月
京極《きょうごく》　忠高《ただたか》	1634年閏7月－1637年６月
松平《まつだいら》　直政《なおまさ》	1638年２月－1666年２月
松平　綱隆《つなたか》	1666年４月－1675年閏4月
松平　綱近《つなちか》	1675年５月－1704年５月
松平　吉透《よしとお》	1704年５月－1705年９月
松平　宣維《のぶずみ》	1705年10月－1731年８月
松平　宗衍《むねのぶ》	1731年10月－1767年11月
松平　治郷《はるさと》	1767年11月－1806年３月
松平　斉恒《なりつね》	1806年３月－1822年３月
松平　斉貴《なりたけ》	1822年５月－1853年９月
松平　定安《さだやす》	1853年９月－1871年７月（廃藩置県）

※堀尾忠晴の就任月は不明

堀尾家
京極家
松平家

松江城下の人柱伝説―雑賀町の源助

松江城下を南北に繋《つな》ぐ唯一の橋・松江大橋には、城下造成時の人柱《ひとばしら》伝説がある。明治二十三年（一八九〇）から一年余り松江に住み、この地を「神々の国の首都」と呼んだ小泉八雲（ラフカディオ・ハーン）は、この伝説を次の様に記録している（松江歴史館訳）。

◇

その長くて白い橋は、橋脚《きょうきゃく》が鉄製でいかにも現代的である。実際、この春に盛大な式典が催され、開通したばかりだ。ある非常に古いしきたりによれば、新たな橋が架けられると、その界隈《かいわい》で一番の果報者《かほうもの》が渡《わた》り初《ぞ》めをする。そこで、松江の官庁は適格者を探し、二名の年配者を選んだ。双方とも結婚して半世紀を越え、十二人以上の子や孫たちに恵まれて、なおかつ彼らが一人として欠けていなかった。この優れた長老たちは、長年連れ添った妻を伴い、成人した子、孫、曾孫たちを連ねて最初に橋を渡った。歓呼の声がどよめき、煙火《えんか》が放たれ、そして祝砲が鳴り響いたのであった。

しかし、ごく最近この構造で架け替えられてしまったのだが、古い橋の方が、はるかに情緒があった。それは川の上で弧を描き、毒がなく足の長いムカデのよ

松江大橋を渡る源助（安達不傳画、松江市蔵）

うな数多くの橋脚で支えられていた。そして三百年間、力強くしっかりと川に架かり、たぐいまれな伝説を持っていた。

　慶長年間に出雲の大名となった堀尾吉晴が、初めてこの河口に橋を架けようとした時、作業員たちの懸命な努力もむなしく、橋脚をきちんと支える固い川底は存在しないように思われた。無数の巨大な石を川に投じても効果はなく、昼間に築いたものは夜間に遠くへ流されたり、川底に呑みこまれたりした。それでもどうにか橋を架けるのだが、橋脚はまもなく沈みはじめて消え失せる。洪水の際には橋脚の半分が遠くに流され、そのたびに修理をしてもまた壊されることの繰り返しだった。そこで、人身御供《ひとみごくう》によって水神の怒りをなだめることにした。水の流れが最もやっかいな、橋の中央部分の橋脚の下の川底に、一人の男を生き埋めにした。すると、その後三百年間、橋はびくとも動かなかった。

　この犠牲者は、雑賀町《さいかまち》に暮らしていた源助《げんすけ》という者であった。まちの無い袴《はかま》をはいてその橋を最初に渡る者をそこに埋めようと取り決められていた。すると、まちの無い袴を穿《は》いた源助が渡ろうとしたので犠牲になった。そういうわけで、最も中央の橋脚は三百年間、彼の名にちなんで源助柱《げんすけばしら》と呼ばれた。月のない夜のいつも二時から三時の間に、その橋脚の付近には鬼火が飛ぶという話がまことのこととして伝えられている。死霊の火は、他国と同じで日本でも大概《たいがい》は青いものだと思っていたが、その火の色は赤だった。

天保７年（1836）の松江大橋渡り始の図

春

四季の松江城　写真：古川　誠

四季の松江城

夏

秋

冬

現存天守のある12城

江戸時代以前の天守が残る城は全国で12カ所しかない。明治初期の廃城令や、太平洋戦争の戦渦を免れた建物は、近世の城郭の姿を今に伝える貴重な歴史遺産。いずれも国宝や重要文化財に指定され、地元では保存と活用に取り組んでいる。

平成 27 年6月6日付　山陰中央新報特集面より転載・修正しました。

国　宝

◆表の見方

①天守の築造年代　②築造城主　③形式
④構造　⑤木造部の高さ。
かっこ内は写真の提供者

松本城（長野県松本市）

①1615年ごろ　②石川数正・康長父子　③平城
④5重6階　⑤25.25メートル

黒い外観から烏城と呼ばれる。松江転封前の松平直政の居城でもある。（信州・長野県観光協会）

彦根城（滋賀県彦根市）

①1606年　②井伊直継　③平山城
④3重3階地下1階　⑤15.53メートル

琵琶湖を望む交通の要衝に約20年かけて建てられた。名古屋城、姫路城などとともに、豊臣家の大坂城の包囲網の一つだった。（びわこビジターズビューロー）

松江城（島根県松江市）

①1611年　②堀尾吉晴　③平山城
④4重5階地下1階　⑤22.43メートル

犬山城（愛知県犬山市）

①1620年改築　②成瀬正成　③平山城
④3重4階　⑤18.16メートル

尾張と美濃の国境となる木曽川沿いに位置。織田信長の叔父信康が1537年に築城した。

姫路城（兵庫県姫路市）

①1608年　②池田輝政　③平山城
④5重7階　⑤31.49メートル

白しっくいの美しい姿から「白鷺城」と呼ばれる。大天守のほか三つの小天守も国宝。世界遺産に登録されている。

重要文化財

弘前城（青森県弘前市）

築城当時の天守は火災で焼失。三重櫓を改築して天守にした。

①1810年　②津軽寧親　③平山城
④3重3階　⑤14.46メートル

備中松山城（岡山県高梁市）

標高430メートルの小松山に築かれた現存天守唯一の山城。

①1681～83年　②水谷勝宗　③山城
④2重2階　⑤10.92メートル

松山城（愛媛県松山市）

天守や櫓を廊下で結ぶ連立式天守。現存天守では最も新しい。

①1854年　②松平勝善　③平山城
④3重3階地下1階　⑤16.1メートル

高知城（高知県高知市）

日本で唯一、本丸の建物群がすべて現存する。

①1749年　②山内豊敷　③平山城
④4重5階　⑤18.6メートル

丸岡城（福井県坂井市）

別名霞ケ城。現存天守では最古とされる。

①1576年　②柴田勝豊　③平山城
④2重3階　⑤12.53メートル

丸亀城（香川県丸亀市）

山麓から標高66メートルの山頂まで3層になって連なる高石垣が特徴。

①1660年　②京極高和　③平山城
④3重3階　⑤14.66メートル

宇和島城（愛媛県宇和島市）

藤堂高虎が築城。その後、仙台から入封した伊達家が天守を改築した。

①1664～65年　②伊達宗利　③平山城
④3重3階　⑤15.34メートル

城郭用語解説（五十音順）

石落とし（いしおとし）＝城郭の塀・櫓・天守・門などの、石垣の真上に張出している外壁の床面に開けられている袴状の開口部。石を落としたり、矢を撃ったり、敵の近接を防ぐために設けられる。

打込接ぎ（うちこみはぎ）＝大きな山石を矢穴にくさびを打ち込んで、粗く割った石（割石）を積んだ石垣の積み方。周囲の築石とは、奥のほうで接点をもつ。表面に隙間が多いので、小さな石を間に詰める（間詰石）。松江城築城期の石垣が該当する。

馬溜（うまだまり）＝城門近くにあって、武将や歩兵が集まる広い空地。武将の乗る馬が立ち並ぶことから馬溜という。ここで敵軍を迎え撃ったり出陣する際に、隊列を整えたりする。

大手（おおて）＝城の正面をさす。追手《おうて》ともいう。大手にある門が大手門で、近世では石垣や門の規模が大きく、敵を圧する工夫がなされている。

鬼瓦（おにがわら）＝古代中国で、邪を払う装飾として降棟の端に置かれるようになった。我が国では飛鳥・白鳳時代に蓮華紋《れんげもん》をあしらった鬼瓦が登場した。奈良時代になると鬼面文の鬼瓦も登場する。そして次第に平面的なものから立体的、彫塑的な形姿に変化していった。

花頭窓（かとうまど）＝火灯窓、華頭窓、瓦灯窓などとも表記する。社寺・城郭・住宅建築などに見られる。上枠を火炎型または花形にした窓である。中国から伝来した禅宗様の窓の意匠がはじまりであるが、城閣や書院造にも使われている。

冠木門（かぶきもん）＝中世にはじめて現れたと見られる門形式の一つ。中世では、武士の屋敷門または城門として使われている、二本の親柱の上に貫（冠木）を通し、これに扉を付けたもの。

搦手（からめて）＝城の裏口。門は搦手門。搦め取るからくる名前である。

鬼門（きもん）＝陰陽道でいう艮《うしとら》にあたり、東北の隅をさす。忌む方角で、建築では一般的に鬼門除けとして鬼瓦を置く。神仏を祀ることもあり、松江城については千手院や枕木山の華蔵寺が鬼門封じの寺院として知られる。

切込接ぎ（きりこみはぎ）＝石材を全面的に加工して、周囲の築石との接着を緻密にした石垣の積み方。松江城では松平期の石垣に見られる。

曲輪（くるわ）＝郭とも書き、「くるわ」と読む。城の平場をさす。堀や石垣、土塁で区画される。

懸魚（げぎょ）＝屋根の妻側において、棟木または桁の端、破風が交叉する下に取り付ける装飾的な繰形《くりかた》（部材を繰って作られる部分的な装飾）のある板。通常は中心に六葉《ろくよう》といわれる飾り金物（あるいは木製）の栓で留める。その形状によって三花《みつばな》、蕪《かぶら》、梅鉢《うめばち》、猪目《いのめ》懸魚などという。

化粧屋根裏（けしょうやねうら）＝天井板を張らないで、垂木や木舞《こまい》・裏板などの姿を直接見せる。

虎口（こぐち）＝城郭の出入り口、城門部のこと。戦闘が展開される危険な場所だったので虎口の用例が生じた。松江城の脇虎口ノ門周辺は、石垣が巧みに配置され、門を突破しても城内へ入るにはジグザグに進まなければならず、勢いが止まる。こうしたものを喰違《くいちがい》虎口という。

御書院（ごしょいん）＝松江城における御殿の表向きの建物の名称。二之丸には御広間、御書院が配され、三之丸御殿では、表向きの建物としては御書院、御広間、御対面所などが配されていた。二条城二之丸御殿では表から奥に向けて大広間、黒書院（小書院）、白書院（御座の間）が建っている。

御殿（ごてん）＝将軍、大名などの住宅の尊敬語。城郭では本丸御殿、二之丸御殿、三之丸御殿など。現存する御殿としては二条城二之丸御殿が知られている。

小屋組（こやぐみ）＝建物の屋根を支える屋根裏の骨組み。日本古来の伝統的な小屋組を和小屋といい、明治以降の西洋建築によって導入された小屋組を洋小屋という。

狭間（さま）＝城郭の塀や櫓・天守などの外壁に設ける窓のうち、外敵の動勢をうかがい矢や鉄砲・大筒を放つための開口部。矢狭間・鉄砲狭間・大筒狭間などがある。石を落とすための開口部を石狭間と称することがある。

下見板張り（したみいたばり）＝板の長さ方向を水平に張った板壁。等間隔に押縁《おしぶち》を付したものを押縁下見といい、さらに下見の断面に合わせて押縁に掛込み作ったものを簓子《ささらこ》といい、これを用いたものを簓子下見という。

漆喰塗（しっくいぬり）＝壁仕上げに漆喰を塗ること。白壁は顔料を入れない白漆喰が大半である。

地覆石（じふくいし）＝木造建物の一番腐り易い、出入り口や土間、基壇の下部に横に据えた石。松江城大手門跡では凝灰質砂岩（来待石）の細長い石である。

鯱瓦（しゃちがわら）＝古代中国で、寺院の大棟の両端を飾っていた鴟尾《しび》が、唐代末に海中に棲み、雨を降らす怪魚と理解され魚形化して鯱に変身し、防火を願ったものになったという。鎌倉時代、禅宗と共に我が国へ招来された。城郭では安土城で金箔押しのものが掲げられたのを契機として各地に広まった。瓦製のものが多いが、名古屋城や松江城のように木造金属板貼りのものもある。

惣門（そうもん／総門）＝一構《ひとかま》えの屋敷・境内などの正式な入口に設けられる大門の総称。松江城の外曲輪（二之丸下ノ段）には南惣門（大手門）、北惣門があった。

多門（聞）（たもん）＝城郭において石垣の上に単層から三層の櫓または長屋を、石垣に天端《てんば》いっぱいに建てる建て方、また、この形式で造られた建物。建物は、通常、塗壁で瓦葺き。城外に向かって狭間を開き、時には石落としを備える。

附櫓（つけやぐら）＝天守に附属する櫓のことをいう。犬山城天守、松江城天守、岡山城天守などには附櫓がある。附櫓が付いた天守は複合式天守と称される。

包板（つつみいた）＝柱を包み込むように添えられた板（付図参照）。柱回りに包板を添え、鎹《かすがい》（鋼材の両端を直角に折り曲げコ字形にして、先を尖らせたもの）で緊結し、帯鉄を巻き付けて柱と一体的にし、力学的な効果を高めたものと思われる。

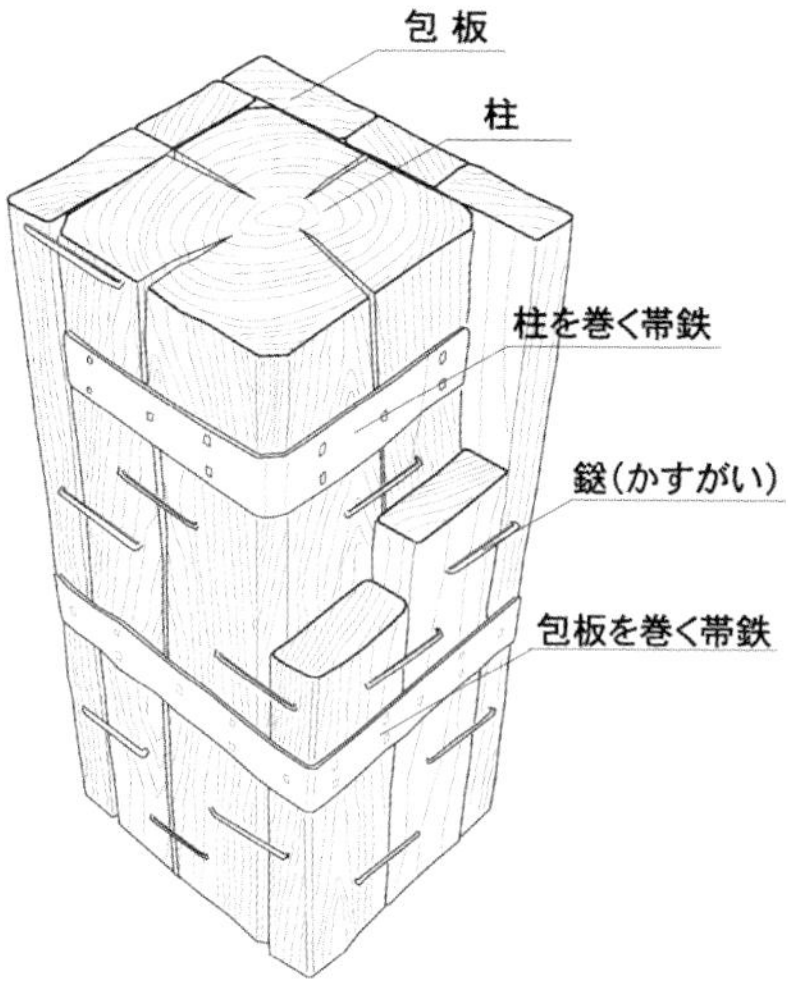

天守（てんしゅ）＝多くは本丸にあり、最も重要な建物。物見や貯蔵の機能を持ち、防御の最後の拠点でもある。初め天守は犬山城のように入母屋造の屋根に望楼を載せた望楼型天守だったが、徐々に逓減する平面を積み重ねた層塔型天守へと変化した。

砦（とりで）＝本城から離れた要衝の地に、軍事目的で造られた小規模な城。

鳥衾瓦（とりぶすまがわら）＝鳥がここに降り立って休むことからこの名前が付いたという。実際には鬼瓦の上部にはめ込み鬼瓦を固定する機能がある。しかし、松江城の場合、両者の関係は互いに寄り添う程度の中途半端な組み合わせである。

土塁（どるい）＝曲輪の縁や堀の内側に造る土手状の高まり。土居ともいう。土をつき固めたものと、地山を削り残したものとがある。

縄張図（なわばりず）＝曲輪や堀、石垣、石段、土塁、門、櫓など城の防衛施設の配置や城郭の範囲を描いた図。

根太天井（ねだてんじょう）＝根太とは床を受ける横架材で、大引あるいは床梁に直角方向に架け渡す。天井板を張らないので、根太や梁材が直接見える。組入天井の一つ。

野面積み（のづらづみ）＝自然石を加工せず、そのまま積む石垣の積み方。松江城では見られない。しかし、後曲輪などの石垣は、矢穴を伴う割石を少量含むが、丸みを持った自然石が主体で、ノミによる面加工もみられない部位があり、野面積みに準じた古式の様相を持つ。

破風（はふ）＝屋根の妻側に山形に取り付けられる板、およびその附属物の総称。頂部の破風板の交叉部分を拝《おが》みと称する。屋根形式によって切妻破風・入母屋破風、破風板の形状と位置によって縋《すがる》破風・唐破風、千鳥破風・軒唐破風などがある。破風板ともいう。

番付（ばんづけ）＝建物を建てる際に、柱・梁・桁・束など部材の組立てに便利なように、部材に附ける符合、およびそのシステム。絵柄で合わせる合紋、一定の方向に渦巻き状に番号を付す回り番付、ジクザグ状に番号を付す時香番付、〈いろは〉と〈一二三〉を縦横二方向に組み合せる組み合せ番付などがある。また、部材に墨で記したものを墨書番付、部材に符合を刻んで記したものを彫込み番付という。松江城天守では、二階までが彫込み番付、三階以上が墨書番付である。

平城（ひらじろ）＝平地に築かれた城。堀を掘り、土塁や石垣などで防御する。広島城や松本城などがある。

平山城（ひらやまじろ）＝平地にある小高い丘陵を利用して造った城。松江城をはじめ、近世の城の多くは平山城である。

堀（ほり／濠）＝敵の侵入を防ぐために城などの周囲に掘られた溝。水堀、空堀の別がある。山城の場合は尾根を直角に掘る堀切や斜面に縦に掘る竪堀もある。

本丸（ほんまる）＝城の中心となる曲輪。近世では、松江城のように天守が存在するものも多い。

枡形（ますがた）＝城郭の出入り口に設けられた桝のように四角い広場で、周囲に石垣、土塁、城門建築や土塀などが配されている。松江城では外曲輪（馬溜）がそれに当たり、枡形虎口（内枡形）となっている。敵兵が枡形に侵入すると周囲から集中攻撃を受ける。

水ノ手（みずのて）＝飲料水を確保する井戸や湧き水が出る場所。門が置かれることもあり、松江城では水ノ手門と呼ばれている。

武者窓（むしゃまど）＝城閣建築や武家屋敷の長屋門おいて外壁に設けられた窓の一で、太い格子を竪に取付けたもの。格子は塗込めの場合（姫路城天守）と、木部露出の場合（松江城天守）とがある。同じ竪格子でも普通の民家の場合には虫籠《むしこ》窓と称される。

櫓（やぐら）＝通常、石垣に上に建つ塗壁瓦葺き、一～四階建ての建物で、構造形式は天守と同じか、単に長屋と同じである。矢をはじめとする武具を保管する倉庫でもあるので、矢倉・矢蔵とも記す。壁には武者窓や鉄砲狭間を設ける。

山城（やまじろ）＝防御しやすい山頂や山腹に造った城。尾根上に大小の平坦面をもつ。安来市の富田城や松江市法吉町の白鹿城など、中世の城はほとんどが山城である。

横矢（よこや）＝迫り来る敵兵を横方向（側面）から矢や鉄砲で撃つ行為や、そのための施設。石垣を方形に張り出させたり（出隅や横矢枡形）、逆に引込めたり（入隅や合横矢）して横矢の機能をもたせる。

新たな松江城の調査と研究に期待

松江城天守が平成二十七年七月に国宝に指定されてから、はや三年が経過しました。本書も、国宝を記念して山陰中央新報社出版部から同年に発刊されましたが、その後多くの方々に読んで頂き、この度、改訂増刷することとなりました。この機会に、新たに書き換えや追加した部分もあり、写真についても撮り直したものもあります。

松江城も国宝効果により、国内外から多くの見学者に訪れていただいています。本年は松平不昧公二百年祭にもあたり、この秋もいろいろと賑わいを見せています。また、八月からは天守内の展示がリニューアルし、置かれていた展示品が減らされたことにより、築城当時の内部の様子をつぶさに鑑賞することが可能となりました。さらに、太い柱や梁をはじめ、ほぼ総ての建築材がま近で見ることができるようになりました。

一方、松江開府四百年に併せて始まりました『松江市史』も各巻が刊行され、松江城を扱った『別編　松江城』も平成三十年三月に、千頁に及ぶ大著の出版ができました。四層五階の天守をはじめ、城を構成する内堀や高石垣、櫓群などの防御施設も詳しく説明されています。資料としては、城下町の様子を描いた絵図や、発掘された陶磁器などの暮らしが分かる考古資料、明治期の古写真なども多く掲載され、松江城と城下町の姿を築城時から時間を追って見ることができます。

調査・研究では、松江市による松江城天守に関わる総合的な調査が継続的に実施され、建築学的な新しい知見も報告されています。活用面では、市史の内容を見学者、市民の方々に分かりやすくした『松江城ブックレット』の作成も予定されています。

今後、松江城天守を中心として城下町も含め、調査や研究、及び活用がより効果的に進められ、歴史的景観を活かした特徴ある〝まちづくり〟が行われることを願っています。

平成三十年十月

松江市史編纂委員会松江城部会長　西尾　克己

◇主要参考文献◇

『Glimpses of Unfamiliar Japan（知られぬ日本の面影）』（Lafcadio Hearn〈小泉八雲〉、1894 年）
『松江藩祖直政公事蹟』（桃好裕、松陽新報社、1916 年）
『島根県史』第７・８巻（島根県、1929・1930 年）
『松江市誌』（上野富太郎・野津静一郎編、松江市、1941 年）
『重要文化財松江城天守修理工事報告書』（松江城天守修理事務所、1955 年）
『松江八百八町内物語』（荒木英信、島根郷土資料刊行会、1956 年）
『松江城』（河合忠親、松江今井書店、1967 年）
『新修島根県史』通史篇１（島根県、1968 年）
『日本建築史基礎資料集成十四　城郭Ⅰ』（中央公論美術出版社、1978 年）
『増補版　松平不昧』（内藤正中・島田成矩、松江今井書店、1988 年）
『山陰の城新装版』（探訪ブックス日本の城６、小学館、1989 年）
『松江余談』（松江まちづくりプロジェクト、松江青年会議所編、松江今井書店、1989 年）
『松江亀田山千鳥城取立古説』（堀恵之助編著、中原健次、1993 年）
『堀尾吉晴－松江城築城国主・中老』（島田成矩、松江今井書店、1995 年）
『松江城物語』（島田成矩、山陰中央新報社、1995 年）
『増補松江城物語』（島田成矩、山陰中央新報社、1999 年）
『新編　日本の面影』（ラフカディオ・ハーン、池田雅之訳、角川書店、2000 年）
『史跡松江城整備事業報告書』（松江市教育委員会、2001 年）
『名城を歩く⑨松江城』（歴史街道８月特別増刊号、ＰＨＰ研究所、2003 年）
『日本 100 名城公式ガイドブック』（学習研究社、2007 年）
『図説天守のすべて』（学習研究社、2007 年）
『松江市歴史叢書』１～８（松江市教育委員会、2007 ～ 2015 年）
『堀尾吉晴と忠氏』（松江市ふるさと文庫４、佐々木倫朗、2008 年）
『城下町松江の誕生と町のしくみ』（松江市ふるさと文庫５、松尾寿、2008 年）
『図説縄張のすべて』（学習研究社、2008 年）
『堀尾吉晴－松江城への道』（松江市ふるさと文庫６、山根正明、2009 年）
『京極忠高の出雲国・松江』（松江市ふるさと文庫８、西島太郎、2010 年）
『続松江藩の時代』（乾隆明編、山陰中央新報社、2010 年）
『雲州松江の歴史をひもとく』（松江歴史館、ハーベスト出版、2011 年）
『空撮で蘇る現存天守 12 城』（別冊歴史 REAL 、洋泉社、2011 年）
『現存 12 天守閣』（山下景子、幻冬舎、2011 年）
『松江城研究』１・２（松江市教育委員会、2012 年・2013 年）
『親子で学ぶ松江城と城下町』（宍道正年、山陰中央新報社、2013 年）
『松江城と城下町の謎にせまる』（石井悠、ハーベスト出版、2013 年）
『松江城天守学術調査報告書』（松江市、2013 年）
『松江城調査研究集録』１・２（松江市、2013 年・2015 年）
『松江城再発見－天守、城、そして城下町－』（松江市ふるさと文庫 16、西和夫、2014 年）
『重要文化財松江城天守保存活用計画』（松江市、2014 年）
『現存 12 天守めぐりの旅』（萩原さちこ、学研パブリッシング、2014 年）
『松江城』（石井悠、ハーベスト出版、2015 年）
『松江市史』史料編７近世Ⅲ（松江市、2015 年）
『松江藩の基礎的研究』（西島太郎、岩田書院、2015 年）
『松江市史』「別編松江城」（松江市、2018 年）

〈取材・資料協力〉

松江市史料編纂課
松江市松江城調査研究室
松江市観光施設課
松江歴史館
松江市史編集委員会
松江市教育委員会
ＮＰＯ法人松江ツーリズム研究会
松江城山公園管理事務所
堀川遊覧船管理事務所
島根県立古代出雲歴史博物館
島根大学附属図書館
島根県立図書館
月照寺
妙心寺春光院
圓成寺
清滝寺徳源院
国立公文書館
東京国立博物館
犬山市
松本市・信州長野県観光協会
彦根市・びわこビジターズビューロー
姫路市
弘前市
坂井市
高梁市
丸亀市
松山市
宇和島市
高知市

◇監　　修
西尾　克己
（松江市史編集委員会松江城部会長・元島根県古代文化センター長）

◇執　　筆
藤岡　大拙（序文）
（松江歴史館館長）

西尾　克己

和田　嘉宥
（松江市史編集委員会専門委員・米子工業高等専門学校名誉教授）

岡崎雄二郎
（松江市史編集委員会専門委員・元松江市教育委員会文化財課長）

伊藤ユキ子
（紀行作家）

西島　太郎
（松江市史編集委員会執筆委員・松江歴史館学芸員）

◇写真撮影
伊藤　英俊、佐伯学ほか山陰中央新報社スタッフ
伊達　悦二（フォトグラファー）

◇写真協力
古川　　誠（四季の松江城）
（日本写真家協会会員）

ブックデザイン　工房エル

国宝 **松江城** 美しき天守

平成27年（2015）10月15日　初版第1刷発行
平成30年（2018）11月15日　改訂版第1刷発行

企画・編集　山陰中央新報社出版部
監 修 者　西尾　克己
発 行 者　松尾　倫男
発 行 所　山陰中央新報社
〒690－8668　松江市殿町383番地
電話 0852－32－3420（出版部）
印 刷 所　㈲高浜印刷
製 本 所　日宝綜合製本㈱

ISBN 978-4-87903-223-2　C0021　￥1500E